Magia nossa de cada dia

MÁRCIA
FERNANDES

Magia nossa de cada dia

Banhos, rituais, magias e simpatias
para o amor, dinheiro, trabalho
e muito mais!

Copyright © Márcia Fernandes, 2017
Copyright © Editora Planeta do Brasil, 2017, 2022
Todos os direitos reservados.

Organização de conteúdo: Jeff Benício
Preparação: Fernanda França
Revisão: Clara Diament e Hires Héglan
Projeto gráfico e diagramação: Maurélio Barbosa | designioseditoriais.com.br
Capa: Valentina Brenner | Foresti Design

Dados Internacionais de Catalogação na Publicação (CIP)
Angélica Ilacqua CRB-8/7057

Fernandes, Márcia
  Magia nossa de cada dia: banhos, rituais e dicas para amor, dinheiro, trabalho e muito mais / Márcia Fernandes. - 2 ed. - São Paulo: Planeta do Brasil, 2022.
  288 p.

ISBN: 978-85-422-1931-9

1. Magia 2. Medicina mágica e mística 3. Ervas – uso terapêutico I. Título

22-5570   CDD: 133.43

Índice para catálogo sistemático:
1. Magia

 Ao escolher este livro, você está apoiando o manejo responsável das florestas do mundo

2022
Todos os direitos desta edição reservados à
Editora Planeta do Brasil Ltda.
Rua Bela Cintra 986, 4º andar – Consolação
São Paulo – SP – 01415-002
www.planetadelivros.com.br
faleconosco@editoraplaneta.com.br

Sumário

Descubra a magia que há em você!......... 7
Crer é ter! 9
Faça com cautela! 11

AMOR... 13
MAGIAS PARA A CASA............................ 87
INVEJA... 103
SAÚDE E BEM-ESTAR 139
PROSPERIDADE FINANCEIRA.................... 233

25 dicas infalíveis................................ 285

Descubra a magia que há em você!

Cientistas costumam dizer que somos poeira das estrelas. Ou seja, somos pura energia.

Mas a maioria das pessoas ignora o seu poder pessoal. Passa a vida sem desenvolver sua magia interior.

Assim como não usamos completamente a capacidade do cérebro, desperdiçamos boa parte de nossa força mística.

Você não precisa abrir mão da racionalidade para exercitar o lado espiritual e esotérico. Até porque ciência e fé estão cada vez mais próximas.

Use a luz que há em seu corpo, mente e espírito para iluminar seu caminho rumo à plenitude.

Você também é parte da divindade e um pedaço precioso do Universo.

Nunca esqueça: quem acredita faz acontecer!

Crer é ter!

Desde pequena, acreditei no poder da minha essência. Recebi de minha avó e de meu pai o dom de me conectar profundamente com as pessoas, os espíritos e os deuses.

A minha missão na Terra é ajudar a solucionar problemas que tiram o brilho da vida e afastam os seres humanos de sua trajetória de evolução.

Sentimentos maléficos, como a inveja, devem ser combatidos, assim como precisamos cultivar cada vez mais o amor, a empatia e a tolerância.

Os rituais deste livro são infalíveis se forem feitos com fé. Acreditar no seu poder pessoal e na comunicação com as forças do invisível faz parte da magia.

Márcia Fernandes

Faça com cautela!

Algumas precauções em relação ao conteúdo deste livro:

- Nenhuma receita desta obra substitui tratamentos médicos, assistência psicológica ou psiquiátrica, ou qualquer outra orientação profissional.

- Mantenha os banhos e rituais em local seguro e fora do alcance de crianças.

- No caso de ingestão acidental ou de reações alérgicas, procure imediatamente por orientação médica.

- Ao manusear algum tipo de planta, use sempre luvas descartáveis e evite o contato com a boca, os olhos e órgãos genitais.

- Acenda as velas em locais seguros, longe de materiais inflamáveis.

AMOR

Separe-se da solidão.
O ser humano não nasceu para viver
sozinho. Somos sociáveis, gostamos de
ter companhia e de interagir.
Sentimos a necessidade de amar e ser amado.
Mas, antes de agir para conquistar alguém,
alimente o seu amor-próprio.
Ame-se intensamente! Só alguém que
se aceita e se quer bem tem a capacidade
de oferecer e retribuir amor.
Quem se ama envia uma mensagem ao
Universo: estou pronto para ser amado.

Banho afrodisíaco

Sabe aquela sensação mágica de "estou arrasando"? Este preparo vai potencializar sua autoconfiança e o poder de sedução. Sentir-se sensual aumenta a chance de conquistar alguém! Faça, acredite, seduza.

- 2 litros de água mineral
- Essência de patchuli
- 1 fatia de abacaxi picadinho

Ferva dois litros de água mineral. Quando a água ferver, desligue o fogo. Acrescente oito gotas de patchuli e o abacaxi. Tampe e aguarde até a água ficar em temperatura agradável. Após o banho higiênico, jogue a combinação dos ingredientes do pescoço para baixo, espere três minutos e enxugue-se levemente.

Faça este banho em uma sexta-feira de Lua Crescente.

Dica: sempre olhe nos olhos de quem você quer conquistar. O olhar transmite uma energia poderosa.

Banho cigano para atração amorosa

O povo cigano é conhecido pela beleza e sensualidade. São nômades que prezam a liberdade. Eles despertam fascínio por onde passam. Este banho contém a energia cigana para o amor.

- 2 litros de leite
- 4 colheres (sopa) de mel
- 1 maçã vermelha ralada com casca
- 2 pedaços de paus de canela
- 1 recipiente com tampa

Ferva o leite no recipiente, acrescente os demais ingredientes e tampe. Espere uns minutos, desligue e deixe esfriar. Após o banho higiênico, jogue do pescoço para baixo e não enxugue.

Faça este banho no primeiro dia de Lua Crescente.

Dica: perfumes adocicados mexem com a libido. Mas não exagere nas borrifadas.

Banho de rosas para libido

Milenar, a rosa é o símbolo máximo do romantismo. Possui a capacidade de despertar sentimentos.

- 9 pétalas de rosa branca
- 9 pétalas de rosa amarela
- 2 litros de água da chuva

Em uma noite de Lua Cheia, macere as pétalas na água da chuva colhida num recipiente. Deixe ao luar por uma noite. Coe e faça banho de assento. Você vai se sentir muito mais sensual.

Dica: rosas vermelhas e cor-de-rosa são as mais indicadas para presentear quem se quer seduzir. Evite as amarelas e azuis, que não estão associadas à paixão.

Banho energético para o amor

Uma pessoa desanimada jamais será bem-sucedida na vida amorosa. Exalar alegria de viver é fundamental para atrair alguém interessante. Energize-se!

- 2 litros de água
- Pétalas de uma rosa amarela
- 1 colher (sopa) de mel
- 1 colher (sopa) de açúcar mascavo

Deixe tudo descansando na água por duas horas. Em seguida, coe e banhe-se do pescoço para baixo após o banho higiênico, orando seis vezes a Ave-Maria. Agradeça por tudo o que você tem e peça um amor verdadeiro.

Faça no primeiro dia de um ciclo de Lua Cheia.

Conselho: acaricie seu corpo durante o banho. Sinta a vibração de sua energia sexual!

Banho para atrair a alma idêntica

Sim, há uma ou mais pessoas predestinadas a você. Basta dar uma força ao Universo para que o encontro aconteça. Este banho é um ímã para o amor.

- 1 litro de champanhe *rosé*
- Pétalas de três rosas de cor salmão
- 21 cravos-da-índia
- 21 sementes de romã

Misture tudo. Deixe descansar por 12 horas. Tome o banho do pescoço para baixo. Não se enxugue e vá dormir sentindo o cheiro afrodisíaco desse preparo.

Faça no primeiro dia de Lua Cheia.

Dica: sorria mais! Um belo sorriso é hipnotizante.

Banho para atrair a alma gêmea

Ninguém é 100% compatível com ninguém. Mas a convergência de afinidades facilita bastante o sucesso de um relacionamento. Atraia alguém que esteja na mesma sintonia que você.

- 2 litros de água
- 9 flores maria-sem-vergonha (inteiras)
- Pétalas de rosas vermelhas
- 9 colheres (sopa) de mel
- 9 colheres (sopa) de açúcar mascavo

Coloque as plantas na água previamente aquecida. Macere bem. Coe. Adicione o mel e o açúcar mascavo. Tome o banho do pescoço para baixo. Não se enxugue.

Faça uma vez por mês, sempre às sextas-feiras.

Dica: aja com sinceridade durante a conquista. Quem cria um personagem para seduzir cedo ou tarde, será desmascarado.

Banho para atração amorosa

Quer atrair alguém? Mexa-se! O príncipe encantado não vai bater na sua porta. Vá à luta para conquistar seu grande amor.

- ½ quilo de canjica
- 2 litros de água
- 9 folhas de pitangueira
- Pétalas de uma rosa vermelha
- Pétalas de uma rosa amarela
- 21 gotas de perfume doce

Cozinhe a canjica normalmente. Depois, coe para separar a água. Ferva o líquido com as folhas de pitangueira, as pétalas de rosas e acrescente o perfume doce. Banhe-se do pescoço para baixo antes de sair para a conquista. Deposite os grãos de canjica em um jardim bem florido.

Dica: não há dia certo para o banho. Faça sempre que surgir uma oportunidade de conhecer alguém interessante (festa, jantar etc.).

Banho para atração física

Da uva são feitos o vinho e o champanhe, bebidas preferidas dos casais apaixonados. Use o potencial da fruta para aumentar o seu poder de sedução.

- 1 champanhe branco
- 1 cacho de uva branca
- 1 maçã verde
- 3 pedaços de paus de canela
- 3 cerejas

Coloque todos os ingredientes num recipiente. Deixe tudo de molho nas duas primeiras noites de Lua Cheia, em ambiente externo. Depois bata no liquidificador, coe e banhe-se do pescoço para baixo.

Atenção: todo ritual precisa ser feito com fé. Acredite em você!

Dica: ofereça cerejas frescas (*in natura*) a quem você deseja conquistar. A fruta é altamente afrodisíaca.

Banho para atrair um amor

Querer é poder. Não *espere* um amor, vá buscá-lo. Só quem tem atitude consegue o que quer.

- 2 litros de água de arroz cru
- Pétalas de uma rosa branca
- Pétalas de uma rosa vermelha
- Pétalas de uma rosa amarela
- 1 colher (sopa) de mel

Macere bem as pétalas das rosas na água de arroz cru. Acrescente o mel e misture muito bem. Após o banho higiênico, banhe-se do pescoço para baixo. Deixe secar naturalmente e vá dormir.

Realize o banho no primeiro dia de Lua Nova.

Dica: tenha sempre rosas em casa e no ambiente de trabalho. As flores inspiram quem está aberto à paixão.

Banho para atrair novo amor

Separou-se? Está triste? Não há remédio melhor para curar as dores do fim de um relacionamento do que o início empolgante de uma nova história a dois.

- 1 champanhe *rosé*
- 1 maçã com casca e semente cortada em 8 pedaços
- 4 pedaços de canela em pau
- Pétalas de uma rosa vermelha
- 1 colher (sopa) de um perfume doce

Macere tudo, coe e banhe-se do pescoço para baixo.

Faça no primeiro dia de Lua Nova.

Dica: não viva dos amores do passado. Toda história é composta de vários capítulos. Vire a página.

Banho para aumentar sua sedução

Com tanta gente interessante no planeta, não é tarefa fácil despertar a atenção de possíveis pretendentes. Então, potencialize sua energia de atração!

- 2 maçãs vermelhas sem a casca e picadas
- 2 peras sem a casca e picadas
- 1 cacho de uva vermelha
- 4 cerejas
- 4 amoras
- 4 morangos
- Pétalas de uma rosa vermelha
- 1 litro de água mineral
- 1 champanhe *rosé*

Ferva a água e acrescente todos os ingredientes. Após o banho, jogue o líquido do pescoço para baixo; não enxágue nem enxugue e durma assim.

O banho deve ser feito numa sexta-feira de Lua Cheia.

Dica: use roupa íntima vermelha no primeiro encontro. Vale para mulheres e homens.

Banho para não ser traído

A infidelidade destrói o amor. Vale a pena evocar a energia do Universo para se proteger da traição.

- 1 litro de água mineral
- 3 ramos de alecrim
- 3 ramos de manjericão
- Sementes de um maracujá

Macere tudo na água. Coe. Jogue do pescoço para baixo. Não enxágue. Durma com o banho no corpo.

Faça no primeiro dia de Lua Nova.

Dica: só pode exigir fidelidade quem é fiel. Lembre-se da lei da ação e reação. Quem faz toma.

Banho da atratividade

Aumentar o amor-próprio é imprescindível para chamar a atenção de bons pretendentes.

(Este banho é indicado para quem tem até 30 anos.)

- 1 litro de água
- 21 folhas de laranjeira
- 1 colher (sopa) de açúcar mascavo

Macere bem as folhas de laranjeira na água. Acrescente o açúcar. Jogue do pescoço para baixo. Durma com o banho.

Faça no primeiro dia de um ciclo de Lua Crescente.

Dica: ao se banhar, mentalize que você é uma pessoa interessante por dentro e por fora.

Banho para reativar o desejo sexual

A rotina, o estresse, as desilusões... Diversos fatores podem afetar a libido. Esta receita mágica vai reacender a chama interna.

- 1 copo de água mineral
- 2 pedras granada*

Coloque as pedras no copo com água. Deixe ao luar (pode ser na janela de seu apartamento, por exemplo). No dia seguinte, mantenha sob o Sol por oito horas. No fim do dia, coloque o preparo na geladeira. Banhe-se com o líquido energizado do pescoço para baixo.

Dica: tome o banho em noite de Lua Cheia.

---

* A granada é de cor vermelho intenso. Atua na energia amorosa e no estímulo da sexualidade.

Chá cigano para atrair amor

O chá é uma poderosa bebida para o corpo e o espírito. Esta receita estimula a sua sensualidade.

- 1 maçã
- 1 ameixa
- 1 damasco
- 1 morango
- 1 cacho de uva
- 1 limão
- 3 paus de canela
- 1 litro de chá-mate

Pique as frutas, adicione tudo ao chá e ferva por três minutos. Sirva quente.

Dica: se você já tem alguém em vista, convide a pessoa para uma xícara de chá. O clima vai esquentar!

Champanhe afrodisíaco

Nada melhor do que um drinque para iniciar uma noite romântica.

- 1 champanhe branco gelado
- 9 cerejas picadas
- 1 copo de refrigerante de guaraná gelado

Misture os ingredientes e sirva em taças.

Realize o brinde amoroso no terceiro dia de Lua Cheia.

Dica: faça a pessoa desejada beber um gole da sua taça.

Ponche cigano para atrair amor

Criado na Índia e popularizado pelos colonizadores ingleses, este tipo de bebida influi na temperatura do corpo e na energia do amor.

- 6 maçãs vermelhas picadas
- 50 gramas de uva-passa preta (sem caroço)
- 100 gramas de nozes picadas
- 1 colher (sopa) de mel
- 1 pitada de cravo-da-índia em pó
- 1 colher (sopa) de vinagre branco
- 1 champanhe branco

Ferva tudo por cinco minutos. Deixe amornar. Tome um copo todos os dias, por dezesseis dias seguidos.

Faça o preparo durante a Lua Nova.

Dica: nos três primeiros goles, pense em alguém especial com quem queira se relacionar.

Elixir do amor

Esta poção vai atuar diretamente no chacra sexual.

- 1 litro de água da chuva
- 3 pedaços de paus de canela
- 3 colheres (sopa) de mel
- 1 pedra de quartzo rosa em formato de coração
- Pétalas de 3 rosas cor-de-rosa

Aqueça a água colhida da chuva e acrescente as rosas, o mel e a canela. Deixe descansar por três horas.

Beba três goles. Depois do banho higiênico, despeje o restante do pescoço para baixo. Deixe a pele secar naturalmente.

Coloque o quartzo rosa dentro de seu travesseiro. Você vai despertar com disposição dobrada para o amor.

Faça o preparo numa sexta-feira de Lua Cheia.

Dica: carregue com você (na bolsa, carteira ou mochila) outra pedra idêntica. Ela fará você absorver e irradiar muita energia amorosa.

Magia para sedução

Este ritual utiliza a força do vermelho, usado na cromoterapia para elevar o astral, estimular a paixão e intensificar a vida sexual.

- 1 pimenta vermelha
- 1 lenço vermelho
- 1 calcinha ou cueca vermelha nova
- 1 vaso com roseira (rosas vermelhas)

Embrulhe a pimenta com o lenço. Pegue a peça íntima e envolva-a nesse pacotinho. Deixe o embrulho ao luar. Na manhã seguinte, tire a calcinha ou cueca e enterre o restante no vaso. Use a peça à noite, na companhia do ser amado.

Dica: faça numa sexta-feira de Lua Cheia.

Ritual para atrair a alma idêntica

A Lua e o Sol exercem forte influência nas energias do planeta e das pessoas. Nada mais adequado do que recorrer a esses dois corpos celestes para conseguir um amor real.

- 1 bexiga branca
- 1 bexiga vermelha
- Papel cortado em tiras
- Caneta azul

Escreva em nove papeizinhos: "Lua, quero um amor", e coloque-os na bexiga branca. Escreva em nove papeizinhos: "Sol, quero um amor", e coloque-os na bexiga vermelha. Encha os balões com gás hélio e solte-os do lugar mais alto que você conseguir.

Dica: faça no primeiro dia de Lua Cheia.

Ritual de Cleópatra

Mais famosa rainha do Egito, Cleópatra tornou-se um símbolo de poder e sedução. A fama de dominadora de homens foi transmitida de século em século.

- 1 copo de leite
- 1 vela branca
- 3 gotas de um perfume bem doce
- 1 colher (sopa) de mel
- 1 colher (sopa) de açúcar mascavo

Acenda a vela branca. Junte todos os ingredientes numa panela, misture bem (com colher de pau) e ferva por cinco minutos. Aguarde até amornar. Mostre a poção para a Lua e peça a ela as qualidades de Cleópatra que tanto seduzem os homens. Jogue o líquido do pescoço para baixo. Vá dormir sem se enxugar.

Dica: faça o ritual em uma noite de Lua Cheia.

Encantamento para você se casar rapidamente

Não há amor sem fé. Então, creia no resultado ao fazer este ritual.

- 1 peixe assado no azeite de oliva (deve ser o dourado, peixe de água doce conhecido popularmente como piraju)
- 2 alianças de metal dourado
- 16 cravos-da-índia
- Pétalas de uma rosa vermelha

Primeiro, asse o peixe no azeite. Quando estiver pronto, coloque os ingredientes dentro dele. Deixe aos pés de uma cachoeira.

Dica: faça no primeiro dia de Lua Cheia.

Feitiço da união eterna

Um relacionamento bem-sucedido é formado por amor, carinho, cumplicidade e interação sexual. Este ritual fortalece esses aspectos na vida do casal.

- 1 foto sua
- 1 foto do seu amor
- 1 caixinha
- Linha amarela
- Laço amarelo

Com a linha, costure as fotos com os rostos posicionados um de frente para o outro. Coloque na caixinha e amarre-a com o laço. Jogue a caixinha num rio de água limpa. Enquanto observa as águas levarem a caixinha, ore dez Ave-Maria.

Dica: faça no primeiro dia de Lua Cheia.

Oferenda para se casar logo

Está com pressa em oficializar uma história de amor? Então faça este ritual com convicção no resultado.

- 1 pires
- 2 alianças de metal dourado
- 1 copo com mel
- Purpurina amarela
- Cola

No pires, coloque as alianças e cubra-as com bastante cola. Jogue por cima a purpurina e cubra com mel. Deixe esse preparo numa estrada e peça às Encantadas* para realizarem seu desejo de casamento.

Dica: faça numa segunda-feira de Lua Nova.

---

* Encantadas são entidades espirituais femininas dedicadas ao amor.

Ritual buquê de noiva

Esta magia é indicada para a mulher que deseja subir ao altar o mais rápido possível.

- 1 maço de salsinha
- 1 rosa branca
- 1 rosa cor de salmão

Monte um buquê com as flores e coloque-o no seu quarto. Diariamente separe os ramos murchos ou secos de salsinha e jogue-os na natureza. Quando sobrarem apenas as rosas, misture as pétalas num litro de água e macere bem. Coe e jogue do pescoço para baixo.

Dica: faça numa sexta-feira de Lua Cheia.

Ritual da bolinha de gude
(para trazer seu amor em nove dias)

- 1 vela azul
- 1 vela cor-de-rosa
- 9 bolinhas de gude

Acenda as velas em casa. Coloque um copo de água do lado direito e ore o Pai-Nosso. Jogue a primeira bolinha de gude na porta de sua casa, vá até o local onde mora a pessoa desejada e jogue ali a segunda bolinha. No retorno para casa, jogue as outras sete bolinhas pelo caminho – a última novamente na porta da sua residência.

Dica: faça num domingo de Lua Nova.

Ritual da menina-moça

Indicado para a mulher que deseja ficar mais charmosa e sensual, com o objetivo de atrair olhares por onde passar.

- 6 folhas de manjericão
- 1 copo de água mineral
- 1 copo de água de poço
- 1 copo de água da chuva

Misture todas as águas. Macere bem o manjericão e acrescente no líquido. Após o banho higiênico, despeje a poção do pescoço para baixo. Não se enxugue.

Dica: faça no primeiro dia de um ciclo de Lua Cheia.

Ritual do casamento

A maioria das mulheres ainda sonha com o matrimônio. Esta magia potencializa a chance de conquistar um casamento feliz.

- 3 galhos de avenca (conhecida como planta do casamento)
- 3 rosas brancas
- 20 centímetros de fita branca

Junte os galhos da avenca com as rosas e forme um buquê; amarre com a fita branca. Reze treze vezes o Pai-Nosso segurando o buquê. Após realizar o ritual, deixe o buquê aos pés da imagem de Santo Antônio em uma igreja.

Dica: faça numa sexta-feira de Lua Nova.

Ritual para afastar amantes do companheiro

Descobriu que seu amado tem "outras"? Aja rápido para expulsá-las de seu caminho.

- 1 litro de água do mar
- 1 caneta de tinta azul

Escreva na terra o nome de seu companheiro. Pegue a água do mar e jogue em cima, fazendo o desenho da cruz várias vezes, até que o líquido acabe. Repita com convicção durante o ritual: "Que você (nome do seu companheiro) me ame, me adore e não tenha olhos para mais ninguém. Amém".

Dica: faça numa sexta-feira de Lua Cheia.

Ritual para afastar rival

Identificou alguém que ameaça o seu relacionamento? Então é hora de neutralizar esse espírito usurpador.

- 1 ovo branco cozido
- 1 caneta de tinta preta
- 1 caneta de tinta vermelha

Com a caneta vermelha, escreva na casca do ovo, no sentido horizontal, o nome do seu amor. Use a caneta preta para registrar, em linha vertical, o nome de quem atrapalha sua vida amorosa. Deixe o ovo em um jardim bonito.

Dica: realize o ritual numa segunda-feira de Lua Cheia.

Ritual para esquecer um amor

Nem todo amor é eterno. Às vezes o sentimento se transforma e o relacionamento termina. Caso tenha dificuldade em esquecer um ex, aprenda a despolarizar e tocar a vida. Ninguém deve viver (e sofrer) pelo passado.

- 1 caneta vermelha
- 1 faixa branca

Escreva no seu braço esquerdo duas vezes o nome da pessoa, em cruz. Cubra com a faixa. Durma assim. Na manhã seguinte, desenfaixe e lave o braço com bastante água corrente até desaparecer o que escreveu.

Dica: faça no primeiro dia de Lua Minguante.

Ritual para reconquistar um amor

Tem certeza de que ainda ama e é amada? O relacionamento pode ser retomado de maneira saudável? Ok, então peça ao Universo uma nova chance a vocês.

- 16 palmas brancas
- 1 fita azul
- 1 fita branca

Amarre as palmas com as fitas. Numa praia, coloque seus pés na água. Ofereça o buquê a Nossa Senhora da Conceição (Iemanjá) e solte as flores no mar. Peça com fé a volta do seu amor. Abaixe-se e esfregue as mãos na areia por dezesseis vezes. Limpe-as com a água das ondas e saia de costas, olhando para o horizonte.

Dica: faça em um sábado de Lua Nova.

Simpatia cigana para o amor

Não há nada de errado em recorrer às forças místicas para conquistar alguém especial. Afinal, o amor é a força que move a existência humana.

- 21 rosas amarelas (cabos curtos)
- 21 rosas vermelhas (cabos curtos)
- 1 bolo de coco
- 1 copo de mel
- 1 refrigerante de guaraná (garrafa pequena ou lata)
- 7 velas cor-de-rosa
- 1 pedaço de papel branco
- 1 lápis
- Linha de costura virgem

Faça ou compre um bolo de coco. Corte-o ao meio com a linha. Coloque entre as duas partes um papel com o nome da pessoa desejada. Cubra tudo com mel. Enfeite o bolo com as rosas. Alterne as cores: uma amarela, uma vermelha, e assim sucessivamente. Leve o bolo até um jardim frequentado por crianças e ofereça-o a Cosme e Damião. Ao lado, acenda as velas e deixe o guaraná.

Dica: faça num domingo de Lua Cheia.

Simpatia para acabar com o ciúme

A desconfiança e a possessividade sufocam o relacionamento. Ninguém gosta de se sentir inseguro em relação ao outro nem de viver sob vigilância. Um pouquinho de ciúme faz bem, mas em dose exagerada vira veneno.

- 1 peça de roupa íntima de seu amado
- 1 peça de roupa íntima sua
- 1 metro de fita vermelha

Junte as duas peças. Enrole-as e amarre-as com a fita. Em seguida, faça um laço bem bonito com nove nós. Guarde em sua gaveta de lingeries.

Dica: faça no primeiro dia de Lua Minguante.

Simpatia do amor da cabocla Jurema

Consagrada pelos umbandistas, Jurema é uma poderosa entidade de luz. Transmite força e coragem a quem procura um amor intenso.

- 1 coco
- 3 copos de vinho tinto
- 7 colheres (sopa) de mel

Abra o coco e retire a água. Coloque dentro dele o vinho tinto e o mel. Deixe o fruto na natureza.

Dica: faça no primeiro dia de Lua Cheia.

Simpatia para Lilith trazer um amor

Deusa associada ao poder feminino e aos ventos e tempestades, Lilith é considerada uma precursora de Eva. Teria sido a primeira mulher de Adão e transformada em serpente como castigo por se recusar a ser uma esposa submissa. Seus seguidores acreditam que ela ajuda todas as mulheres dedicadas ao amor puro.

- 1 maçã vermelha ralada com casca
- 1 taça de champanhe *rosé*
- 1 colher (sopa) de conhaque
- 1 colher (sopa) de canela em pó

Na taça com champanhe, coloque a maçã ralada, o conhaque e a canela. Misture bem. Em seguida, escolha um lugar bonito ao ar livre para deixar a taça.

Dica: faça no primeiro dia de Lua Cheia.

Simpatia para apimentar o sexo

A atividade sexual faz bem para o corpo, a mente e o espírito. Por isso, quando a interação do casal esfria, surgem sentimentos negativos, como a baixa autoestima. Anime a relação!

- 9 folhas de laranjeira
- 9 folhas de alecrim
- 9 folhas de guiné
- 36 sementes de girassol
- 1 pedaço de pano cor de laranja
- Linha cor de laranja

Embrulhe tudo no tecido. Costure bem firme com a linha. Coloque o embrulho sob o colchão da cama.

Dica: faça às 21h de uma segunda-feira de Lua Cheia.

Simpatia para encontrar um amor

- 1 prato branco fundo
- 10 colheres (sopa) de água
- 1 clara de ovo
- 1 anel dourado

No prato, coloque a água, a clara de ovo e o anel. Deixe ao luar a noite inteira. Na manhã seguinte, jogue o líquido em água corrente e use o acessório no dedo anular da mão esquerda três dias seguidos. Não tire para nada!

Dica: faça numa sexta-feira de Lua Cheia.

Simpatia para aumentar a potência sexual

Vigor físico e vontade de fazer amor são elementos fundamentais para um relacionamento feliz. Não deixe o fogo da paixão se extinguir! Você vai precisar apenas de uma roupa íntima nova (calcinha ou cueca).

Numa noite de Lua Crescente, use a peça pela primeira vez. No dia seguinte, deixe a roupa aos pés de uma bananeira.

Dica: vá embora do local sem olhar para trás e jamais retorne.

Simpatia para aumentar o desejo do parceiro

A cama esfriou? A pessoa que você ama e deseja não quer mais saber de sexo? Mexa-se para mudar essa situação!

- 1 foto pequena da pessoa amada (tipo 3x4)
- 1 cadeado novo
- 9 colheres (sopa) de mel
- 9 colheres (sopa) de alfazema (perfume)
- 1 vela vermelha
- Fita adesiva
- Fósforo
- Prato fundo

Use a fita para fixar a foto no cadeado. Em seguida, coloque o cadeado no prato. Cubra-o com o mel e a alfazema. Acenda a vela ao lado e repita nove vezes: "Você (nome da pessoa) só ficará feliz e satisfeito comigo e não desejará ninguém mais".

Quando a vela terminar de queimar, guarde tudo por nove meses. Depois desse período, descarte o material no lixo.

Dica: faça às 21h do primeiro dia de Lua Cheia.

Simpatia para mulher feia encontrar um marido

Sejamos sinceros: a pessoa que não é bonita atrai poucos pretendentes. Infelizmente, às vezes a beleza física ainda se sobrepõe aos valores. Mas para tudo se dá um jeito.

- 1 palma-de-santa-rita
- 2 litros de água da chuva

Primeiro, regue a palma. Em seguida, corte-a em cinco pedaços. Ferva tudo na água de chuva por alguns minutos. Deixe esfriar. Banhe-se do pescoço para baixo. Não enxágue. Durma sentindo o cheiro desse preparo.

Dica: faça no primeiro dia de Lua Crescente.

Simpatia para ter o amor de volta

A pessoa que você ama partiu? Quer trazê-la de volta aos seus braços?

- 1 abacate
- Papel
- Lápis
- Açúcar cristal
- Mel
- Fitinha branca

Abra o abacate e descarte o caroço. Escreva a lápis seu nome e o nome dele no papel. Pegue esse papel e coloque dentro da fruta, no lugar do caroço. Encha o interior com o açúcar e o mel. Feche o abacate e amarre as duas partes com a fitinha. Dê nove nós. Cubra com mais mel e deixe-o na natureza.

Dica: realize esse ritual numa sexta-feira de Lua Nova.

Simpatia para casar após os 40 anos

Não existe idade certa para o amor. Sempre há tempo para começar uma história romântica.

- 9 velas brancas

Assista a nove missas seguidas na igreja, sempre às 9h da manhã, aos domingos. Ofereça nove vezes uma Salve-Rainha para a Virgem Maria e nove vezes para Santa Ana, avó de Jesus. Após as nove missas, acenda nove velas brancas aos pés da imagem de Maria.

Dica: inicie a simpatia em um domingo de Lua Nova.

Simpatia para casar com pessoa rica

Seu sonho é conquistar um milionário? Ok, mas não pense apenas no dinheiro. O amor é essencial! Esta magia vai dar uma forcinha ao destino.

- 1 saquinho de pano vermelho
- 21 moedas (de qualquer valor)
- 21 folhas de laranjeira
- 21 folhas de louro

Encha o saquinho com as moedas, as folhas de laranjeira e as folhas de louro. Amarre e dê nove nós. Enterre dentro de uma planta em sua casa e aguarde a chegada do amor próspero!

Dica: faça no primeiro dia de Lua Cheia.

Simpatia para conquistar alguém

Tem um "alvo" certo? Então, aprenda a acertar bem no meio do coração dele e despertar uma louca paixão.

- 1 maçã madura
- 1 pera branca
- Mel

Retire o miolo das frutas, sem parti-las ao meio. Descarte as sementes. Encha o interior com mel. Asse a maçã e a pera. Coma as frutas antes de se encontrar com a pessoa que deseja seduzir.

Dica: faça no primeiro dia de Lua Cheia.

Simpatia para conquistar seu amor definitivamente!

Chega de flerte! É hora de partir para um relacionamento sério e prazeroso.

- 1 lenço vermelho
- 7 rosas brancas
- 7 cravos vermelhos
- Papel branco
- Lápis

Estenda o lenço vermelho em um jardim bem bonito. Sobre o tecido, coloque as rosas e os cravos. Escreva no papel (a lápis) seu nome e o de seu *crush*. Dobre o papel e deixe-o junto das flores. Saia do local e não olhe para trás.

Dica: faça no primeiro dia de Lua Cheia.

Simpatia para conquistar um viúvo

Conheceu um homem que está solitário desde a morte da esposa? Aposte nesse pretendente: ele pode ser um excelente marido!

- Pedacinho de sua roupa íntima
- Perfume de alfazema
- Mel

Molhe o fragmento de sua lingerie com um pouco do perfume e do mel. Deixe secar. Dê um jeito de colocar esse preparo no bolso do viúvo sem que ele perceba.

Dica: faça no primeiro dia de Lua Cheia.

Simpatia para conseguir um convite amoroso

Ninguém telefona? Não recebe nenhuma cantada nas redes sociais? Ninguém se interessa por você nos aplicativos de paquera? Calma, esse marasmo tem solução!

- 1 lenço branco de seda
- 70 centímetros de fita branca
- Caneta vermelha
- Faca pequena

À meia-noite do primeiro dia de um ciclo de Lua Cheia, estenda o lenço e escreva seu nome nas quatro pontas. Em seguida, escreva no centro do lenço 21 vezes o nome da pessoa que você deseja. Repita no outro lado do tecido. Enrole a faca no lenço e amarre com a fita fazendo sete nós. Carregue isso sempre com você (na bolsa, pasta executiva, mochila etc.). Quando conseguir alguém, jogue tudo no lixo.

Simpatia para conseguir o milagre do amor

Recorra à santíssima Maria, mãe de Jesus, para atrair alguém especial. Ela há de iluminar sua vida afetiva.

- 1 vela dourada
- 1 vela branca
- Mel

Às 23h da primeira noite de um ciclo de Lua Cheia, acenda as velas, uma grudada na outra, já untadas com mel.

Ore nove vezes uma Salve-Rainha pedindo um milagre amoroso para Maria. Repita o ritual nas oito noites seguintes.

Banho para ficar mais sedutora

Chega de se sentir desinteressante! Renove suas energias para exalar sensualidade por todos os poros!

- 2 litros de água
- 3 galhos de arruda
- 3 galhos de alfavaca
- 1 colher (sopa) de cominho

Ferva todos os ingredientes. Deixe amornar. Após o banho higiênico, despeje o líquido do pescoço para baixo. Durma assim, sem se enxugar.

Dica: faça no primeiro dia de Lua Nova.

Simpatia para fidelidade

Sente cheiro de possível traição no ar? Luz amarela piscando! Aja rápido para evitar que a infidelidade aconteça!

- 3 velas brancas
- 1 vela azul
- 1 vela rosa
- Papel branco
- Caneta
- Fósforo

No papel, escreva o seu nome, o da pessoa amada e a seguinte frase: "Anjo Hakamiah, nos proteja de qualquer traição". Coloque o papel sob as velas e acenda os pavios com o fósforo (atenção: não use isqueiro). Deixe as velas queimarem até o fim.

Dica: faça no primeiro dia de Lua Cheia.

Simpatia para impotência sexual

A disfunção erétil atinge muitas pessoas. A impotência provoca a infelicidade de incontáveis casais. Muitos relacionamentos terminam por esse motivo. Mas é possível superar esse problema.

- 2 litros de água
- 1 espada-de-são-jorge cortada em tiras
- 3 dentes de alho com casca
- Sementes de 3 goiabas vermelhas
- 6 velas lilás

Ferva a planta com o alho e as sementes. Deixe amornar. Acenda as velas.

Depois do banho higiênico, jogue a mistura do pescoço para baixo. Deixe secar naturalmente.

Dica: faça no primeiro dia de Lua Nova.

Simpatia para expulsar amante da pessoa que você ama

Xô, xô! Mande para bem longe a alma trevosa que tenta destruir seu relacionamento. Vá de ré, infeliz!

- 3 colheres (sopa) de azeite de oliva
- 3 colheres (sopa) de pó de café
- 3 pimentas dedo-de-moça
- Papel branco
- Caneta vermelha
- Recipiente com tampa

No papel, escreva o nome da "outra" (ou do "outro") com a caneta.

Enrole o papel formando um canudinho (com o nome voltado para dentro).

Coloque no recipiente (um pote, por exemplo) e cubra com o azeite e o café; por cima, coloque as pimentas. Tampe e deixe no congelador ou freezer.

Dica: faça em uma sexta-feira de Lua Minguante.

Simpatia para mulher solteirona se casar

Com esta dica, só vai continuar 'encalhada' quem quiser.

- 1 imagem de Santo Antônio
- 9 palmos de fita branca

Amarre a fita em Santo Antônio. Coloque a imagem em seu quarto.

Todo dia 9 de cada mês, às 9h da manhã, ore o Pai-Nosso nove vezes e peça ao santo um bom marido.

Dica: repita o ritual nove meses seguidos. Depois, deixe a imagem em uma igreja.

Simpatia para namorar quem você deseja

Há uma pessoa no seu radar? Tem certeza da intensidade do seu sentimento? Mãos à obra para trazê-la até você!

- 1 fitinha rosa com o comprimento exato da sua altura
- Caneta azul

Escreva o nome de quem você quer namorar em toda a fitinha.

Amarre-a na sua coxa direita e só tire no décimo dia. Depois guarde a fitinha na sua gaveta de roupas íntimas.

Dica: faça numa sexta-feira de Lua Nova, às 9h ou 21h.

Simpatia para purificar a cama do casal

Nada melhor do que o conforto da cama para renovar as energias e atingir o máximo de prazer. Proteja o ninho do amor das más vibrações trazidas da rua!

- 1 lenço branco
- 9 galhos de arruda
- 3 galhos de alecrim
- 1 vela branca

Coloque os galhos de arruda e alecrim no meio do lenço. Amarre-o com três nós.

Deixe-o embaixo do colchão, bem no meio da cama. Acenda a vela na cabeceira e ore nove vezes o Pai-Nosso e nove vezes a Ave-Maria.

Dica: faça em uma sexta-feira de Lua Nova.

Simpatia para reconciliação amorosa

Uma briga abalou o relacionamento? Chegou ao ponto de cada um ir para um lado? Realize esta magia para reconstituir a união.

- 1 figo
- 9 velas lilás
- Mel
- Prato branco
- Papel branco
- Lápis

No papel, escreva seu nome e o da pessoa amada (a lápis), um depois do outro.

Dobre e coloque dentro do figo partido ao meio. Coloque a fruta no prato e regue com mel.

Acenda ao redor as velas (dentro do prato). Mentalize a paz no seu relacionamento. Em seguida, deixe esse preparo na natureza.

Dica: faça em um sábado de Lua Nova.

Simpatia para saber quantos anos faltam para você se casar

Muitas solteiras gostariam de saber exatamente quando vão realizar o sonho do casamento. Então chegou a hora de matar a curiosidade!

- Aliança de sua mãe
- 1 copo
- 1 pedaço de linha branca com 21 centímetros
- Óleo de cozinha

Pegue emprestada a aliança de sua mamãe. Mergulhe-a num copo com óleo.

Em seguida amarre a aliança na linha e deixe-a na altura da borda do copo, como se fosse um pêndulo.

Pergunte a Santo Antônio em quantos anos você subirá ao altar.

Resultado: quantas vezes a aliança bater no copo serão os anos que faltam para o seu casamento.

Dica: faça às 21h do primeiro dia de Lua Cheia.

Simpatia para se casar

Chega de solteirice! Afaste o fantasma da solidão! Encontre alguém para juntos serem plenamente felizes!

- 1 ramo de salsinha
- 1 ramo de manjericão

Amarre os temperos, formando uma espécie de buquê, e deixe-os quatro dias em seu quarto.

No quinto dia, enterre os ramos em um jardim florido perto da sua casa e peça a Santo Antônio um casamento para breve.

Dica: inicie o ritual às 21h do primeiro dia de Lua Cheia.

Simpatia para ser pedida em casamento

As mulheres românticas ainda sonham com aquele pedido clássico de casamento, assim como acontece nas novelas e nos contos de fadas. Você é uma delas?

- 1 vidro de perfume

Coloque o frasco nas mãos de uma pessoa idosa e peça para que ela deseje a você que se case.

Pegue o perfume de volta e faça a oração de Santa Gertrudes (na página seguinte), seguida de um Pai-Nosso e uma Ave-Maria.

Depois, dê o vidro ao seu amado e faça com que ele use a fragrância algumas vezes.

ORAÇÃO DE SANTA GERTRUDES

Eterno Pai, ofereço-vos o Preciosíssimo
Sangue de Vosso Divino Filho Jesus, em união
com todas as missas que hoje são celebradas
em todo o mundo; por todas as Santas almas
do purgatório, pelos pecadores de todos os
lugares, pelos pecadores de toda a Igreja,
pelos de minha casa e de meus vizinhos.
Oh! Santa Gertrudes, vós que tens terna
devoção à humanidade de Cristo,
concedei-me (pedir a graça).
Amém.

Simpatia para acelerar o casamento

Seu noivo só enrola e ainda não marcou a data? Conte com a ajuda do Universo para fazê-lo se decidir rapidinho.

- 7 rosas brancas
- 1 vaso branco ou de cristal

No vaso sem água, coloque rosa por rosa e repita: "Que (nome do namorado ou noivo) deseje se casar comigo o quanto antes".

Deixe o vaso em cima de um móvel e espere as rosas murcharem e secarem completamente.

Em seguida, recolha os restos das flores, faça um embrulho e deixe na porta de uma igreja, logo após o fim de uma cerimônia de casamento.

Seu pedido vai acontecer logo, logo!

Dica: faça no sábado de Aleluia.

Simpatia para seu amor se declarar

Quem não sonha em receber uma linda declaração de amor? Este ritual vai aumentar a chance de isso acontecer.

- 1 vela vermelha

Vá até um lugar com areia. Com o dedo indicador, faça um círculo e escreva dentro dele o seu nome e o da pessoa de que você gosta.

Acenda a vela no meio do círculo.

Dica: faça às 21h de uma segunda-feira de Lua Cheia.

Simpatia para seu marido nunca perder o desejo por você

Depois de alguns anos, a paixão perde intensidade. Isso é natural. Mas a chama do amor pode ser reacesa. Você e seu companheiro merecem ter ainda mais prazer juntos!

- 1 copo de leite
- 1 colher (sopa) de mel
- 1 colher (sopa) de geleia de morango
- 1 colher (sopa) de chocolate em pó
- 1 colher (sopa) de açúcar mascavo

Em uma vasilha, misture todos os ingredientes usando uma colher de pau.

Coloque em algum lugar da casa que receba a luz da Lua. Deixe por uma noite.

No dia seguinte, coloque uma peça íntima sua e uma de seu marido nessa mistura mágica por cinco minutos.

Lave as roupas e pronto! Basta usá-las para a paixão sexual voltar!

Dica: faça no primeiro dia de Lua Cheia.

Simpatia para trazer clarão ao amor

De tempos em tempos, todo relacionamento precisa de renovação. O amor e a paixão são sentimentos que devem ser sempre estimulados para nunca perderem força.

- 1 vaso
- 1 colher (sopa) de sal grosso
- 1 colher (sopa) de alfazema
- 1 colher (sopa) de mirra (erva ou óleo)
- 1 rosa vermelha
- 1 rosa branca

Coloque as flores no vaso. Quando secarem, acrescente a água morna com o sal grosso às pétalas.

Macere bem e banhe-se do pescoço para baixo. Não enxágue nem seque com toalha. Durma assim.

Dica: faça às 9h ou às 21h no primeiro dia de Lua Cheia.

Simpatia para trazer marido de volta

Ele foi embora? Ainda existe chance real de reconciliação para uma vida conjugal feliz? Então, use a magia para fazê-lo voltar aos seus braços.

- 3 espigas de milho
- 1 litro de mel
- 1 vela de 7 dias branca
- 1 tigela branca
- Papel
- Lápis

Escreva a lápis no papel sete vezes seu nome e sete vezes o nome dele. Coloque esse papel e as espigas de milho dentro da tigela branca. Cubra tudo com mel.

Deixe na natureza ao lado da vela branca acesa.

Dica: realize às 9h ou às 21h numa sexta-feira de Lua Nova.

Simpatia para trazer namorado de volta

Às vezes, uma bobagem afasta duas pessoas que se amam. Recorra às forças do Universo para retomar sua história de amor.

- 1 coco verde
- 1 folha de papel branco
- Lápis
- 1 litro de mel
- 16 cravinhos-da-índia
- 1 rolha

Abra o coco e descarte a água. Use o lápis para escrever 21 vezes o nome dele no papel.

Coloque dentro do fruto. Encha-o de mel e, por fim, insira os cravinhos. Feche o coco com a rolha e enterre-o.

Dica: faça às 9h do primeiro dia de Lua Cheia.

Talismã do amor

Derivada do grego *teleo* e do árabe *talism*, a palavra talismã representa um objeto abençoado. Quando feito com fé, adquire poderes mágicos e passa a transmitir sorte e felicidade a quem o cria.

- 1 saquinho vermelho
- 1 vela vermelha
- 7 gotas de essência de lavanda
- 1 conchinha coral
- 1 fio de seu cabelo
- 1 pedaço de raiz de ginseng

Acenda a vela. Coloque a conchinha, o fio de cabelo e o pedaço de raiz no saquinho. Complemente com as gotas de lavanda. Diante da luz da vela, segure o saquinho com as duas mãos, eleve-o ao céu e diga:

"Eu consagro este talismã
para os quatro elementos:
Terra, Fogo, Água e Ar.
Torna-se agora ferramenta mágica
a partir deste instante e com intenções sérias,
agindo em meu nome, para me permitir
encontrar o amor de minha vida.
Assim seja!"

Deixe a vela queimar até o fim. Não abra o talismã, pois ele perderá o poder.

Carregue-o sempre com você, mas nunca o mostre a ninguém. Uma vez por mês, coloque-o à luz do luar e do Sol.

Dica: faça numa sexta-feira de Lua Cheia.

Unguento do amor

O unguento é um preparo que pode ter efeito medicinal ou afrodisíaco. Neste caso, servirá para aumentar o seu poder de sedução.

- 1 colher (sopa) de mel
- 1 cubinho de rapadura
- 2 pétalas de rosa vermelha
- 2 colheres (sopa) de talco

Amasse todos os ingredientes até formar uma pasta. Toda vez que for sair para a balada, passe na sola dos pés e nos bicos dos seios.

Você vai exalar sensualidade!

Dica: faça no terceiro dia de Lua Cheia.

Varredura santa do amor

Foi-se o tempo em que a mulher esperava pacientemente a chegada de um príncipe. Hoje, é fundamental correr atrás da felicidade amorosa. Este ritual multiplica as chances de atrair o homem ideal.

- 10 rosas cor-de-rosa
- 1 vassoura
- 1 fita cor-de-rosa

No primeiro dia de Lua Nova, pegue dez rosas cor-de-rosa, tire os espinhos e as folhas e amarre as flores numa vassoura com uma fita também cor-de-rosa.

Varra dez vezes sua cama, da cabeceira em direção aos pés, pedindo que os anjos tragam o seu verdadeiro amor.

Ao terminar, recolha as pétalas e o laço. Coloque a vassoura embaixo da cama, na altura de seu coração quando está deitada.

No dia seguinte, deixe as pétalas e o laço em um jardim. Peça com fé a chegada de um homem especial.

Você poderá encontrar seu grande amor em até sessenta dias.

MAGIAS PARA A CASA

Despeje as energias negativas!
Sua casa é o seu templo.
Um porto seguro onde você pode se proteger
do mal que circula entre as pessoas.
Tome cuidado com quem você convida
para entrar na sua residência.
E fique alerta em relação aos que moram nela.
Às vezes, nossos piores inimigos espirituais
são pessoas próximas, que nos
prejudicam sem intenção.
A casa deve ser um lugar habitado por boas
energias, livre de encostos e da inveja.

Descarrego para a casa

Todos os ambientes absorvem energia negativa. Paredes, teto e chão ficam impregnados e interferem no bem-estar dos moradores. Este ritual esteriliza a espiritualidade da residência.

- 1 punhado de cravinhos-da-índia
- 1 punhado de hortelã
- 1 punhado de manjericão
- 1 pedaço de carvão
- Sal grosso
- 1 balde com água

Macere bem os três primeiros ingredientes e coloque-os no balde com água.

Acrescente o sal grosso e o carvão. Misture tudo. Deixe no seu quarto para o descarrego do ambiente.

No dia seguinte, jogue tudo fora. Repita o ritual nas duas noites seguintes.

Dica: inicie em uma segunda-feira de Lua Minguante.

Banho de descarrego para sua casa ou comércio

Afaste a negatividade de onde você mora e trabalha. Exorcizar os ambientes é imprescindível para atingir a prosperidade.

- 2 litros de água
- 10 anises-estrelados
- 10 galhos de alecrim
- 10 galhos de alfazema
- 3 colheres (sopa) de pó de café
- 1 pano virgem

Ferva tudo por dez minutos. Deixe amornar e coe. Coloque a poção em um balde com a água.

Com o pano, passe em toda a casa, sempre em movimentos de dentro para fora (no sentido das portas de saída).

Dica: faça às 9h ou às 21h de uma segunda-feira de Lua Minguante.

Para purificar o ambiente e atrair dinheiro

Os ambientes têm vida própria e precisam ser limpos de energias nocivas. Quando são revitalizados, colaboram para o sucesso das pessoas.

- 2 litros de água
- 10 folhas de louro
- 3 pedaços de pau de canela

Ferva tudo por dez minutos. Deixe amornar e coe. Passe o preparo no chão da casa, de dentro para fora.

Dica: faça essa limpeza toda segunda, quarta e sexta.

Limão neutralizador

Sabia que o limão tem o poder de desativar energias negativas deixadas por pessoas que estiveram em sua casa ou que ainda vão visitá-la?

- 1 limão-galego
- 1 prego

Enfie o prego no limão-galego. Coloque-o próximo da porta de entrada do ambiente de sua casa.

Atenção: troque o limão a cada sete dias; utilize sempre o mesmo prego.

Dica: comece o ritual no primeiro dia de Lua Minguante.

Limpeza do ambiente

A pipoca não é apenas um lanche delicioso. Possui forte ligação com o mundo espiritual e tem o poder de aspirar energias danosas.

- 500 gramas de milho de pipoca
- Óleo
- 1 panela
- 1 vassoura nova (deverá ser usada somente para esta limpeza)

Estoure a pipoca em pouco óleo sem acrescentar sal. Espalhe os grãos por todos os cômodos da casa.

Atenção: comece pelo ambiente mais distante da porta de saída.

Durante o ritual, imagine a pipoca absorvendo as energias negativas da casa.

Depois de espalhar em todos os lugares, aguarde quinze minutos. Volte ao primeiro cômodo, onde iniciou a limpeza, e varra tudo.

Importante: não toque nas pipocas. Junte os grãos, jogue num saco de lixo e leve para a rua.

Dica: lave em água corrente a vassoura e a pá utilizadas para recolher o material.

Ritual cigano para energização de ambiente

Use a milenar tradição dos sábios nômades para livrar sua casa das energias negativas.

- 7 cravos-da-índia
- 7 paus de canela
- 1 colher (sopa) de erva-doce
- 3 unidades de anis-estrelado
- 1 noz-moscada ralada
- Casca de uma maçã vermelha
- 500 ml de água
- 1 borrifador

Ferva todos os ingredientes. Mexa a água sempre no sentido horário.

Após alguns minutos de borbulhas, desligue o fogo e tampe a panela.

Espere 24 horas. Coe o líquido e aplique num borrifador.

Abra todas as portas e janelas da casa. Borrife todos os cantos.

Peça aos deuses harmonia, prosperidade e saúde para todos que vivem na casa.

Ritual para alugar ou vender imóvel

Imóvel fechado é prejuízo. Movimente as energias da propriedade para atrair um bom negócio!

- 1 copo de leite
- 1 colher (sopa) de mel
- 1 colher (sopa) de canela em pó
- 1 colher (sopa) de azeite de oliva
- 3 velas brancas
- Papel branco

No copo com leite, coloque o mel, a canela e o papel com o endereço do imóvel (escrito a lápis). Unte as velas com o azeite.

Acenda em forma de triângulo no entorno do copo. Enquanto observa a queima, ore cinco vezes o Pai-Nosso e peça aos Anjos Guardiões que atendam o seu pedido.

Dica: faça numa segunda-feira de Lua Crescente.

Ritual para eliminar energias trevosas do lar

Infelizmente, há pessoas que recorrem aos seres das trevas para perturbar nossas casas. Quando isso acontece, somos atormentados dia e noite. O lar vira um caos e nada dá certo para quem vive ali. Livre-se dessa maldição!

- 2 litros de água
- 2 colheres (sopa) de sal grosso
- Suco de um limão
- 10 gotas de anil líquido

Misture a água, o sal grosso e o suco de limão. Jogue em todos os ralos da casa.

Deixe agir por uma hora e enxágue com a poderosa "água azul" (dois litros de água com dez gotinhas de anil líquido).

Dica: faça na primeira segunda-feira de Lua Minguante.

Ritual para livrar seu estabelecimento dos caloteiros

A inadimplência pode levar um negócio à falência. Afaste essa praga de sua empresa. Este ritual vale também para quem trabalha em casa.

- Pequena cumbuca de barro
- 1 moeda de cor prata
- 1 rosário
- Água mineral ou filtrada

Deixe a moeda bem polida. Coloque-a com o rosário no fundo da cumbuca. Complete com água.

Deixe num lugar alto de seu estabelecimento ou da casa. Todos os dias, quando iniciar suas atividades profissionais, molhe a ponta de seus dedos nessa água e faça o sinal da cruz.

É importante que você sempre reponha a água evaporada.

Dica: faça no primeiro dia de Lua Minguante.

Ritual para proteção do lar

Você precisa cuidar da energia de sua casa. Expulse os maus espíritos e as vibrações negativas enviadas por quem deseja prejudicá-lo.

- 2 litros de água mineral
- 7 pregos
- 7 lâminas de barbear
- 1 saquinho (de pano) branco
- Panela

Coloque a água, os pregos e as lâminas numa panela e ferva tudo por sete minutos. Retire os objetos e use a água para fazer limpeza na casa. Guarde os pregos e as lâminas no saquinho. Use-o como talismã na porta de entrada.

Atenção: a cada três meses, enterre o conteúdo do saquinho em um jardim bonito e refaça o ritual.

Dica: realize sempre numa segunda-feira de Lua Nova.

Ritual para proteção espiritual de seu estabelecimento comercial

Todo negócio atrai sentimentos negativos de invejosos. Faça uma blindagem contra a ação dessas energias ruins.

- 1 caixinha de madeira
- 3 dentes de alho com casca
- 3 pontas da espada-de-são-jorge
- 3 folhas de arruda

Coloque os ingredientes dentro da caixinha. Esconda o objeto numa gaveta, cofre ou local em que guarda dinheiro e os documentos do empreendimento.

Atenção: não permita que ninguém mexa ali. Após um ano, jogue o conteúdo em água corrente e refaça o ritual para renovar a proteção.

Dica: faça no primeiro dia de Lua Crescente.

Simpatia para não faltar alimento em sua casa

Nada melhor para uma casa do que a fartura e a paz. Vamos recorrer à energia de São Sebastião. Ele é o protetor contra a fome e a guerra.

- 1 imagem de São Sebastião
- 1 fitinha branca do comprimento da altura do dono da casa
- 1 vela verde

Enrole a fitinha na imagem. Dê nove nós. Acenda a vela ao lado do santo. Peça a São Sebastião para nunca faltar comida e tranquilidade em seu lar.

Dica: faça numa quinta-feira de Lua Nova.

Simpatia para proteger seu lar das almas sem luz

Muitos espíritos não aceitam partir rumo à evolução. Permanecem na Terra e invadem casas. Este ritual livra a sua residência dessas almas tristes.

- 3 colheres (sopa) de sal grosso
- 3 colheres (sopa) de açúcar mascavo
- 3 colheres (sopa) de noz-moscada
- 3 colheres (sopa) de mel
- 1 copo

Coloque todos os ingredientes no copo. Deixe durante nove dias perto da porta principal. Após esse período, jogue o conteúdo numa pia qualquer e o copo no lixo. Refaça essa magia protetora mais uma vez.

Dica: realize sempre às 20h de uma quarta-feira de Lua Cheia.

INVEJA

O PIOR DOS SENTIMENTOS

Invejar é querer aquilo que pertence ao outro
ou desejar que a pessoa perca tudo.
É não se conformar com a prosperidade alheia
e, para se sentir menos infeliz, torcer
pelo infortúnio do semelhante.
A inveja corrói a alma do invejoso e, infelizmente, também a de quem é alvo dela.
Esse sentimento – talvez o pior dentre os
piores – emana energias destruidoras. Provoca
tristeza, apatia, dor e afeta a alegria de viver.
Um conselho: jamais inveje. Mas, se por acaso
for dominado pela inveja, use a força da sua
mente para transmutar o sentimento.
Transforme-o em incentivo para lutar
por suas conquistas.

Banho contra olho gordo

Está feliz? Costuma relatar suas conquistas? Cuidado! Olhares negativos podem afetá-lo! Há sempre alguém incomodado com a felicidade alheia. Proteja-se.

- 2 litros de água
- 7 galhos de arruda macho (folhas maiores)
- 3 colheres (sopa) de sal grosso

Macere bem a arruda na água juntamente com o sal grosso. Repita em voz alta: "Com os sete poderes positivos, eu tiro todo o poder negativo de minha vida e de minha casa. Todo o poder do mal ficou quebrado. Amém!".

Na sequência, banhe-se do pescoço para baixo com esse preparo. Não enxágue nem se enxugue.

Dica: faça às 21h do primeiro dia de Lua Minguante.

Banho de descarrego

Periodicamente, precisamos dar vazão à carga de negatividade acumulada. Quando estamos impregnados de energias ruins, nada positivo acontece.

- 1 pilãozinho
- 4 dentes de alho com casca
- 4 galhos de arruda
- 1 colher (sopa) de sal grosso
- 1 litro de água aquecida
- 1 lenço branco

No pilãozinho, soque o alho, a arruda e o sal. Adicione a água aquecida.

Deixe coberto com o lenço por setenta minutos. Coe e banhe-se do pescoço para baixo.

Dica: faça em uma segunda-feira de Lua Minguante.

Banho para espantar inveja

Livrar-se dos fluidos negativos traz paz e prosperidade. Previna-se contra as forças do mal.

- 2 litros de água
- 1 punhado de alecrim
- 1 punhado de levante (erva com poder medicinal)
- 1 galho de guiné
- 1 espada-de-são-jorge
- Folhas de boldo
- Folhas de pitangueira

Macere todas as ervas. Quando a água ferver, desligue, espere um pouco e só então acrescente os ingredientes macerados.

Deixe esfriar alguns minutos, coe e jogue do pescoço para baixo. Não enxágue nem se enxugue.

Dica: faça no primeiro dia de Lua Minguante.

Magia para afastar pessoas indesejáveis

"Quanto mais eu rezo,
mais assombração me aparece."

Quem nunca enfrentou essa situação? De repente surge um ser sem luz para atrapalhar a sua vida. Saiba como manter distância de "encostos vivos".

- 1 pimenta vermelha
- 1 colher (sopa) de sal grosso
- 1 saquinho de pano pequeno

Macere a pimenta até formar uma pasta. Misture com o sal grosso.

Coloque a mistura dentro do saquinho e ande sempre com ele (na bolsa ou no bolso).

Quando encontrar pessoas indesejáveis, passe a mão nesse saquinho e depois encoste a mesma mão em quem você deseja tirar do seu caminho.

Dica: realize o preparo numa segunda-feira de Lua Minguante.

Magia para afastar rivais

Vivemos em eterna competição, principalmente no ambiente de trabalho. Saiba neutralizar desafetos e adversários que desejam o seu insucesso.

- 1 pimenta vermelha
- ¼ de limão
- 1 colher (sopa) de sal grosso
- 1 vela preta
- 1 vela branca
- Papel (com o nome do rival escrito)

Macere a pimenta, o limão e o sal. Vá até um local na natureza. Passe essa mistura nas velas. Sobre o papel, acenda-as e diga com convicção: "Que as forças do Universo direcionem (nome do/a rival) para outros caminhos que não sejam perto do meu. Que ele (ou ela) seja feliz, mas distante das pessoas que me interessam".

Em seguida, peça "licença" para se retirar do local e deixe a vela queimando.

Dica: faça em uma segunda-feira de Lua Minguante.

Ritual para expulsar a inveja da sua casa

Sabe aquela visita que, ao ir embora, deixa um rastro de energia ruim? Aprenda a livrar o seu lar dessa negatividade.

- 1 figa de madeira

Faça uma perfuração no batente da porta de entrada de sua casa (do tamanho da figa).

Em seguida, coloque a figa dentro dessa abertura na madeira e tampe o buraco com massa plástica.

Pinte o batente para que ninguém perceba o que foi feito.

Alerta: não diga a ninguém que há essa proteção na sua casa.

Dica: faça no primeiro dia de Lua Minguante.

Amuleto para afastar a inveja no trabalho

A maioria das pessoas passa mais tempo no ambiente corporativo do que em casa. A competição no trabalho gera bastante energia ruim. É fundamental bloquear essa negatividade.

- 1 saquinho de feltro verde
- 3 pregos de aço sem uso
- 1 pedaço de ímã
- 1 recorte de espelho
- 1 colher (sopa) de sal grosso
- Água corrente
- Linha verde
- Agulha

Durante o dia, esfregue todos os materiais com sal grosso em água corrente. O saquinho deve ser lavado do avesso. Deixe tudo secar ao Sol.

Quando anoitecer, coloque todos os itens dentro do saquinho e costure a boca. Mantenha o amuleto com sua carteira profissional aberta na página do atual contrato de trabalho.

Se não é registrado ou for dono do próprio negócio, deixe o saquinho junto de algo referente ao trabalho, como recibo de salário ou papéis da empresa.

Deixe o amuleto guardado numa caixa ou gaveta. Ninguém pode tocar nele, somente você.

Dica: faça no primeiro dia de Lua Minguante.

Escalda-pés para afastar inimigos

Os pés nos conduzem pelos bons caminhos. Nada melhor do que usá-los para nossa proteção e também para mandar para bem longe as pessoas que nos desejam o mal.

- 2 litros de água
- 3 colheres (sopa) de sal grosso
- 1 colher (sopa) de álcool

Misture todos os ingredientes em uma bacia. Deixe seus pés de molho por dez minutos. Jogue o líquido no quintal ou na frente da casa do vizinho.

Dica: faça numa segunda-feira de Lua Minguante.

Ritual para afastar inimigos na profissão

Quando você faz sucesso, podem surgir almas invejosas a fim de obscurecer sua vida. Livre-se delas!

- 1 ramo de oliveira
- 1 lenço branco
- 1 colher (sopa) de sal grosso
- 1 cruz de cor prata (pequena)
- Água-benta

Amarre todos os ingredientes no lenço. Molhe o lenço com água-benta e decrete: "Em nome do Pai, do Filho, do Espírito Santo, estou protegido de todos os inimigos. Amém".

Guarde-o em uma gaveta da sua casa.

Dica: faça uma vez por ano, numa noite de Lua Minguante.

Ritual para afastar pessoas ruins

Sabe aquele ser mal-intencionado que sente prazer em provocar a infelicidade alheia? Mantenha-o a quilômetros de distância!

- 2 litros de água
- 9 margaridas brancas
- 3 pimentas dedo-de-moça
- Pano

Macere bem os ingredientes e coloque-os em água já fervida. Passe com o pano no local onde a pessoa fica (mesa, cadeira etc.). Queime o pano com querosene ou álcool.

Dica: faça numa segunda-feira de Lua Minguante.

Ritual para a inveja não entrar em seu lar

A casa é nosso santuário. Nela buscamos a proteção contra todo o mal que existe lá fora. Faça uma proteção especial para o seu lar.

- 1 vaso grande de barro
- Terra e adubo suficientes para o plantio
- 1 muda de cana-de-açúcar
- 1 muda de bambu
- 1 muda de erva-cidreira
- 1 muda de arruda
- 7 pedrinhas de sal grosso

Prepare o vaso com terra adubada e plante as mudas. Espalhe as sete pedrinhas de sal grosso.

Deixe o vaso à esquerda da porta principal de sua casa, do lado de fora. Regue a cada três dias.

Mantenha as mudas bem cuidadas para que mantenham o vigor.

Dica: faça numa segunda-feira de Lua Minguante.

Ritual para anular a antipatia de alguém por nós

Você pode ser vítima da aversão gratuita de uma pessoa que nem o conhece bem. E também pode detestar alguém sem motivo. Sabe aquela história, "o santo não bateu"? Aprenda a superar essa situação delicada.

- 1 giz
- 1 prato de louça ou vidro
- Azeite de oliva
- 1 vela branca
- 1 papel branco
- Lápis

Use o giz para riscar no solo uma estrela de seis pontas (como a Estrela de Davi).

Coloque o prato sobre o desenho. Escreva o nome do desafeto no papel e coloque dentro do prato. Cubra com azeite.

Acenda a vela e fixe-a sobre o papel. Faça a seguinte evocação: "Eu evoco Deus e os seus anjos da justiça neste instante, através desta vela, e peço que sejam anulados todos os sentimentos negativos vibrados contra mim por esta pessoa, e os meus sentimentos, vibrados por ela, pois só assim deixaremos de nos odiar. Mas, caso não seja possível, neste momento, a nossa harmonização, então que ela seja afastada de minha vida. Amém".

Dica: realize o ritual numa quarta-feira de Lua Minguante.

Ritual para evitar olho gordo em seu bebê

Os recém-nascidos são um alvo fácil de inveja. Infelizmente, há quem direcione energias negativas às crianças. Proteja seu filho!

- 1 colher (sopa) de açúcar
- 1 fitinha vermelha

Coloque o açúcar na água do banho do seu bebê. Vista na criança uma camiseta do avesso.

Coloque uma fitinha vermelha no lado esquerdo do berço.

Dica: faça num domingo de Lua Minguante.

Ritual para exorcizar a inveja

Sabe aquela pessoa negativa que provoca arrepios em você? Aprenda a obstruir o que ela deseja de mal!

- 7 dentes de alho

Morda um de cada vez na frente da casa (ou do endereço de trabalho) da tal pessoa. Jogue-os na frente do local.

Dica: faça numa segunda-feira de Lua Minguante.

Ritual para despachar os desafetos

Tem muita gente chata e invejosa no seu pé? Não perca tempo: atue para que não se aproximem mais de você.

- 1 cebola roxa
- 9 dentes de alho
- 9 folhas de louro
- Papel branco
- Lápis

Corte a cebola em fatias. Com o lápis, escreva no papel os nomes dos invejosos e coloque no prato.

Em cima, deposite a cebola fatiada. Acrescente os dentes de alho e as folhas de louro. Deixe o prato ao sereno no primeiro dia de Lua Minguante.

Depois, jogue em um jardim.

Ritual para livrar-se de vizinhos falsos

Tem sempre um vizinho mexeriqueiro e invejoso que tenta controlar sua vida e monitorar o que você conquista... Proteja o seu lar dessas criaturas perigosas!

- 1 copo de água da chuva
- 36 cravos-da-índia

Misture os cravos à água da chuva. Segure o copo na mão direita. Ore três Credos. Jogue a água na porta do vizinho intrometido.

Dica: faça numa quarta-feira de Lua Minguante.

Ritual para proteger seu carro de olho gordo

Seu automóvel nem precisa ser do modelo mais luxuoso, mas certamente desperta olhares de inveja na vizinhança. Faça esta magia antes que as energias ruins quebrem seu veículo ou o façam ser roubado.

- 1 balde com 3 litros de água
- 7 folhas de arruda
- 1 folha de comigo-ninguém-pode
- 1 pedaço de flanela vermelha

Macere as plantas na água do balde. Após lavar o carro normalmente, enxague-o com esse líquido. Seque com a flanela.

Deixe o pano secar ao Sol e guarde no porta-luvas.

Ritual para proteger sua casa

Basta encostar o caminhão da loja para descarregar um móvel novo que você comprou para a inveja entrar junto. Não permita que a negatividade da vizinhança invada seu lar!

- Cacos de tijolo, telhas e pedras que encontrar ao redor de sua casa
- Fios de cabelos tirados de pentes e escovas
- 1 ferradura velha
- 1 saquinho de tecido natural branco
- 1 arame

Coloque tudo dentro do saquinho. A ferradura deve ficar com as pontas para cima, voltadas para a boca do saquinho.

Amarre bem com o arame. Quando surgirem os primeiros raios de Sol, enterre no fundo do quintal, com a ferradura na vertical (pontas em direção ao céu).

Dica: faça no primeiro dia de um ciclo de Lua Cheia.

Ritual para tirar mau-olhado de animais

Os bichos de estimação são dignos de muito amor. De tão sensíveis, eles captam energias negativas dos donos e dos ambientes. Além disso, são alvo da inveja de conhecidos e estranhos. Proteja seu pet!

- 1 espada-de-são-jorge sem raiz

Pegue a poderosa planta e passe pelo corpo do animal, do rabo em direção à cabeça, por nove vezes. Jogue a espada fora.

Dica: faça numa sexta-feira de Lua Minguante.

Ritual para tirar mau-olhado

Sente-se cansado, desanimado, esgotado? Pode ter absorvido a energia perversa de algum invejoso. Liberte-se!

- 1 prato fundo de louça branca
- 3 colheres (sopa) de azeite de oliva
- 3 ramos de arruda
- Água mineral

Encha o prato com a água, despeje o azeite e mergulhe os galhos de arruda. Passe em você ou na pessoa com mau-olhado, rezando uma Salve-Rainha.

Atenção: benza-se da cabeça aos pés. Faça noves vezes na frente e outras nove vezes atrás (nas costas).

Após finalizar o ritual, pique a arruda e jogue num jardim. Descarte em água corrente a mistura de água e azeite. Lave bem as mãos.

Dica: faça no primeiro dia de Lua Nova.

Ritual para transmutar a inveja do clã

A família é a base de tudo. Preservá-la faz parte da missão individual de cada ser humano. Não permita que os invejosos destruam a harmonia familiar.

- 2 litros de água
- 3 folhas de eucalipto
- 3 folhas de alecrim
- 3 galhos de arruda
- 3 folhas de hortelã

Macere bem as folhas na água aquecida. Coe. Tome o banho do pescoço para baixo. Não enxágue. Deixe sua pele secar naturalmente.

Faça com que todos da casa realizem este ritual.

Dica: Faça numa sexta-feira de Lua Minguante.

Ritual para superar a inveja entre irmãos

Rivalidade entre parentes é comum. Mais ainda entre irmãos. Este ritual afasta esse sentimento corrosivo.

- 1 galho de arruda
- 3 dentes de alho
- 1 guarda-chuva

Faça uma visita ao irmão invejoso. Na entrada da casa, jogue a arruda e o alho. Dê o guarda-chuva de presente a ele.

Dica: faça numa segunda-feira de Lua Minguante.

Escalda-pés para transmutar inveja no seu corpo

Você se esforça nos exercícios, capricha na alimentação saudável, investe em tratamentos estéticos e aí surge um invejoso (no trabalho e na academia, principalmente) para amaldiçoar sua boa forma! Não, não e não! Expulse essa energia nociva de você!

- 2 litros de água
- 7 galhos de manjericão
- 7 galhos de arruda
- 7 galhos de alecrim
- 2 pães
- 1 balde

No balde com água, misture as ervas. Acrescente os miolos dos pães cortados em pedacinhos.

Mergulhe seus pés e deixe-os ali por sete minutos. Em seguida, jogue tudo fora.

Dica: faça numa segunda-feira de Lua Minguante.

Ritual para transmutar a inveja que sente

Somos humanamente imperfeitos. Sentimentos ruins afloram em nosso coração. É fundamental excluí-los o mais rápido possível.

- 2 litros de água mineral
- 1 ramo de alecrim
- 7 ramos de arruda
- 3 punhados de sal grosso

Pela manhã, macere a arruda na água aquecida, junte o sal grosso e coe.

Após o banho higiênico, jogue o líquido do pescoço para baixo.

Esfregue levemente o ramo de alecrim atrás da nuca e nos pulsos. Mentalize a paz em seu coração.

Dica: faça numa segunda-feira de Lua Minguante.

Ritual quebra-ovos contra a cobiça

Desejar o que o outro tem é permitido. Mas invejar não! Liberte-se do olho gordo direcionado a você.

- 8 ovos brancos
- 1 travessa de madeira
- Canjica cozida
- Azeite de oliva

Coloque os ovos na travessa. Descalço, pise neles com força até quebrá-los.

Leve o recipiente até um lugar bem alto (um morro, por exemplo).

Cubra os ovos estourados com a canjica e o azeite. Deixe no local e, antes de ir embora, reze dez vezes o Pai-Nosso.

Dica: inicie o ritual às 5h da manhã da primeira segunda-feira de qualquer mês.

Simpatia para proteção pessoal

Prevenção nunca é demais. Saiba agir antes para evitar que o olho gordo de alguém afete a sua alegria de viver.

- 1 prato branco
- 3 velas verdes
- Sal grosso
- Água

Fixe as velas no prato. Despeje o sal grosso ao redor delas.

Acrescente água. Acenda os pavios usando fósforo. Quando terminar a queima, guarde os tocos das velas numa gaveta de pertences pessoais. Descarte o restante do material.

Dica: faça na primeira segunda-feira de Lua Cheia do mês.

Simpatia para cegar o olho gordo

Percebeu a inveja de alguém contra você? Não perca tempo: providencie a quebra desse sentimento daninho.

- 1 copo
- 1 ovo
- Mel

Encha o corpo com mel até a metade. Quebre o ovo, deixando cair no copo a clara e a gema. Preencha com mais mel.

Deixe o copo em cima da geladeira por nove dias. No décimo dia, despeje o conteúdo em água corrente e refaça o ritual.

Dica: realize essa magia libertadora às 21h de uma sexta-feira de Lua Cheia.

Simpatia para garantir o sucesso profissional

A inveja de colegas de trabalho, chefes ou clientes é capaz de destruir uma carreira promissora. Proteja-se.

- 3 galhos de arruda
- 3 galhos de alecrim
- 9 folhas de guiné
- 2 litros de água
- 1 colher (sopa) de sal grosso

Pique bem as ervas. Ferva tudo na água. Acrescente o sal grosso. Coe.

Depois do banho convencional, despeje o preparo do pescoço para baixo. Espere secar naturalmente e vá dormir.

Dica: faça às 21h do primeiro dia de um ciclo de Lua Minguante.

Unguento para eliminar quebranto

A negatividade transmitida pelo olhar pode adoecer uma pessoa. Não permita que isso afete o seu bem-estar.

- 10 gotas de azeite de oliva
- 3 folhas de guiné
- 1 galho de arruda

Macere bem os ingredientes. Com a mão direita sobre o seu coração (ou o da pessoa invejada), passe essa mistura poderosa na cabeça, no tronco, braços e pernas.

Ore várias vezes o Credo enquanto aplica o unguento.

Dica: faça às 10h ou às 22h de uma quarta-feira de Lua Minguante.

Simpatia para identificar visitas invejosas

Se a vassoura atrás da porta não adiantou e a visita indesejada apareceu, providencie este teste para saber se ela trouxe inveja à sua casa!

- 1 colher (sopa) de azeite de oliva
- 1 colher (sopa) de sal grosso
- 1 pedaço de carvão
- Copo
- Água

Coloque todos os ingredientes no copo com água. Deixe em cima da geladeira. Se o carvão afundar, a visita é realmente invejosa.

Assim que ela for embora, despeje tudo em água corrente.

Talismã mágico contra inveja

Quando você consagra um objeto, ele passa a emitir energia positiva e a rebater maus fluidos.

- 1 pata de coelho branco
- 1 saquinho vermelho
- Fita vermelha

Coloque a pata de coelho no saquinho e amarre com a fita. Dê nove nós. Mantenha o talismã sempre com você.

Dica: faça no primeiro dia de um ciclo de Lua Cheia.

Xarope para afastar a inveja

Que tal conciliar um bom drinque a uma poção infalível para fortalecer seu corpo contra a energia dos invejosos?

- 1 garrafa de vidro
- 21 cravos-da-índia
- 1 litro de vinho branco
- 1 colher (sopa) de arnica
- 1 colher (sopa) de mel
- 1 lenço branco
- Sementes de um mamão papaia

Cozinhe tudo por sete minutos. Deixe esfriar. Coloque o líquido na garrafa de vidro.

Embrulhe no pano branco e deixe na geladeira. Tome um cálice por dia durante uma semana.

Dica: prepare a bebida no primeiro dia de Lua Minguante.

SAÚDE E BEM-ESTAR

Amuleto para afastar doenças

O principal pedido na virada do ano deve ser por saúde. Afinal, o bem-estar físico é fundamental para a felicidade. Aprenda a blindar-se contra enfermidades.

- 1 saquinho de tecido vermelho
- 9 sementes de urucum (o famoso colorau)

Coloque as sementes no saquinho, uma a uma, mentalizando uma luz lilás ao seu redor. Em seguida, costure a boca do saquinho e coloque-o dentro de seu travesseiro.

A cada ano, jogue as sementes antigas na natureza e refaça o ritual.

Dia indicado para fazer o amuleto: 31 de dezembro.

Atenção: neste último dia do ano, use roupa branca, durma com um edredom ou lençol branco e cubra a cabeça com um pano branco. Após o ritual, não coma carne vermelha nem consuma álcool nos 21 dias seguintes.

Banho branco para um sono tranquilo

A Fundação Nacional do Sono, nos Estados Unidos, sugere no mínimo sete horas de sono por noite, para adultos de 18 a 64 anos. Um descanso inferior a isso pode comprometer a saúde e a produtividade. Então chega de sono agitado!

- 1 copo de canjica
- 2 litros de água

Cozinhe a canjica na panela de pressão por 25 minutos. Coe e espere a temperatura ficar morna. Depois do banho higiênico, enxágue o corpo com essa água do pescoço para baixo.

Seque suavemente com toalha branca. Coloque uma roupa também branca para dormir. Jogue os grãos da canjica na natureza.

Dica: faça no primeiro dia de Lua Nova.

Banho contra depressão e tristeza

De acordo com projeção da Organização Mundial da Saúde (OMS), a depressão será a doença mais comum do planeta em 2030. Hoje, afeta 5% da população mundial. No Brasil são, no mínimo, 10 milhões de depressivos, e as mulheres são as mais atingidas.

A depressão afeta o espírito, a mente e o corpo. Este banho é eficiente no combate a esse mal.

- 2 litros de água
- 10 folhas de louro

Misture os ingredientes. Macere bem. Deixe ao Sol das 11h às 13h.

Coe e jogue da cabeça para baixo (molhando inclusive os cabelos).

Não enxágue, durma com o banho no corpo. Devolva as folhas de louro à natureza.

Dica: faça o banho numa sexta-feira de Lua Minguante. Repita quantas vezes for necessário.

Banho contra insônia

Querer dormir e não conseguir é uma verdadeira tortura psicológica. Uma boa noite de sono é fundamental para o bem-estar do corpo e da alma.

- 1 balde de água fria
- 2 colheres (sopa) de sal grosso
- 6 galhos de arruda
- 6 galhos de alecrim

Macere bem a arruda e o alecrim na água. Acrescente o sal grosso e misture bem.

Mergulhe os pés no balde e deixe a água atingir a altura dos joelhos. Fique "de molho" por catorze minutos.

Ao fim desse tempo, dê catorze passos ao redor de sua cama, da direita para a esquerda.

Dica: faça em uma segunda-feira de Lua Minguante.

Banho contra o estresse

Muitos médicos o chamam de "assassino silencioso". O estresse está presente no cotidiano de todos nós. Mas precisamos evitá-lo ou pelo menos controlar o nível de tensão. Está comprovado: pessoas estressadas vivem infelizes e morrem precocemente.

- 1 litro de água
- 3 cravinhos-da-índia
- 3 galhinhos de alecrim
- 3 galhinhos de manjericão
- 7 pétalas de rosa branca

Macere tudo e deixe descansar por três horas. Banhe-se do pescoço para baixo após o banho higiênico, sem enxaguar nem enxugar. Durma com esse preparo no corpo.

Dica: faça no segundo dia de Lua Nova.

Banho da coragem

Desânimo, apatia, comodismo... Às vezes não temos vontade de fazer nada nem ir a lugar algum. Essa falta de energia tira o brilho da vida. Recarregue-se para aproveitar cada segundo da experiência terrena!

- 2 litros de água
- 1 espada-de-são-jorge inteira
- 1 galho de alecrim
- 1 galho de hortelã

Macere os ingredientes na água. Deixe ao Sol por três horas. Após esse período, coe e banhe-se do pescoço para baixo. Durma sem se enxugar.

Dica: faça no primeiro dia de Lua Nova.

Banho de descarrego

Inúmeras vezes voltamos para casa com a sensação de carregar o mundo nas costas e um incômodo inexplicável na alma. Pode ser sobrecarga de energias negativas absorvidas de outras pessoas. Saiba como livrar seu corpo desse peso invisível.

- 3 galhos de arruda
- 9 folhas de guiné
- 3 galhos de alecrim
- 1 espada-de-são-jorge
- 1 pedaço pequeno de fumo de corda
- Água mineral

Macere tudo na água em temperatura morna. Use esse líquido no enxágue final de seu banho diário.

Não se enxugue, deixe secar naturalmente e vá dormir.

Dica: faça no primeiro dia de Lua Minguante.

Banho de harmonização espiritual

Não devemos buscar somente o equilíbrio físico por meio da estética corporal. É fundamental cuidar do espírito. De que adianta uma aparência perfeita se a espiritualidade está doente?

- 1 litro de água
- 8 pétalas de rosas brancas
- 3 colheres (sopa) de açúcar cristal

Macere as pétalas na água. Adicione o açúcar e misture bem.

Tome seu banho habitual e, antes de encerrá-lo, despeje lentamente o líquido do pescoço para baixo.

Mentalize a expulsão de toda a energia ruim e a limpeza profunda de sua aura. Enxugue-se e vista roupas claras para dormir.

Dica: faça às 22h do primeiro dia de Lua Nova.

Banho de Jesus (contra insônia, mal-estar e brigas à toa)

Falta de sono, sensação de aperto no peito, desentendimentos frequentes com pessoas próximas... Todo mundo passa por isso. Porém, é importante evitar essas situações estressantes para o corpo e venenosas para o espírito.

- Água de canjica
- 50 gramas de manjericão

Cozinhe a canjica e separe a água. Macere bem o manjericão nesse líquido.

Coe e banhe-se do pescoço para baixo. Descarte a canjica na natureza.

Dica: faça numa sexta-feira de Lua Cheia.

Banho de limpeza
(Para quem foi a um velório ou enterro,
esteve no cemitério ou visitou doente no hospital)

O ser humano é um para-raios de energias. Atrai para si a nocividade presente em outras pessoas. Por isso, precisa se livrar dessa carga negativa após visitar lugares carregados.

- 7 dentes de alho
- 1 galho de manjericão
- 1 galho de sálvia
- 1 litro de água fervente

Misture o alho com as ervas. Despeje a água fervente e deixe em infusão por trinta minutos.

Após esfriar, coe. Depois do banho convencional, mentalize a cor violeta, ore um Pai-Nosso e jogue esse líquido do pescoço para baixo.

Dica: faça toda vez que retornar de ambientes nos quais teve contato com pessoa falecida ou doente.

Banho de limpeza energética

Esta receita é tão poderosa que afasta até encosto. Faça com fé para se sentir com o espírito leve e revigorado.

- 2 litros de água do mar
- 1 colher (sopa) de sal grosso
- 4 dentes de alho roxo com casca
- 4 galhinhos de arruda

Soque o alho com a arruda e o sal grosso. Acrescente na água e ferva por três minutos.

Coe e banhe-se do pescoço para baixo orando o Credo. Durma sem se enxugar.

Dica: faça às 21h de uma segunda-feira de Lua Cheia.

Banho de mamona contra malfeito espiritual

Desconfia (ou tem certeza) de que alguém fez magia negra, feitiço ou vodu contra você? Então, aja rápido para se proteger! A mamona é a planta dos trevosos e age como antídoto para neutralizar trabalhos espirituais com intenções negativas.

- 2 litros de água mineral
- 3 folhas de mamona
- 3 galhos de manjericão

Macere bem as folhas e os galhos na água. Coe e jogue as ervas em um jardim.

Jogue do pescoço para baixo. Durante cinco minutos, sinta essa água energizada escorrer pelo corpo enquanto ora o Salmo 66.

Dica: faça às segundas, quartas e sextas-feiras de Lua Minguante.

Banho energético para quem está desanimado

Sabe aquele dia de baixo-astral? Reaja! Não podemos desperdiçar um minuto sequer da vida! Acabe com esse desalento já!

- 2 litros de água morna
- 1 galho de losna (absinto)
- 1 galho de hortelã
- 1 galho de alecrim

Macere bem as ervas na água. Coe e banhe-se do pescoço para baixo. Durma com o banho.

Dica: faça no primeiro dia de Lua Nova.

Banho especial para não perder a ilusão de viver

A vida é cruel: perdas, dores, decepções... Mesmo assim, vale muito a pena viver. Evite ser dominado pela amargura e acabar descrente do valor da existência.

- 2 litros de água morna
- 10 folhas de boldo
- 10 folhas de guiné
- 1 galho de alecrim

Macere bem as ervas na água, coe e banhe-se do pescoço para baixo. Durma com o banho no corpo orando o Salmo 90 em voz alta.

Dica: faça no primeiro dia de Lua Cheia.

Banho para afastar energias negativas

Assim como tomamos banho para nos livrar das impurezas do dia a dia, precisamos "lavar" constantemente nosso campo energético. Este ritual proporciona a agradável sensação de leveza espiritual.

- 9 cravos-da-índia
- 1 litro de água mineral

Ferva a água com os cravinhos por três minutos. Desligue o fogo e aguarde amornar.

Use no enxágue de seu banho higiênico. Enxugue-se levemente e durma sentindo o frescor desse poderoso preparo.

Dica: faça no primeiro dia de Lua Minguante.

Banho para alcançar muitas bênçãos

Quer respostas do Divino? Este ritual amplia sua conexão com os deuses e faz com que atendam os seus desejos de saúde, amor e prosperidade.

- 2 litros de água
- 3 galhos de alecrim
- 9 folhas de louro
- 1 colher (chá) de pó de café

Macere bem o alecrim e o louro na água. Acrescente o pó de café.

Após seu banho higiênico, banhe-se do pescoço para baixo com a mistura e deixe secar naturalmente.

Observação: durante nove dias, ore dez vezes o Credo e dez vezes a Ave-Maria.

Dica: faça às 9h ou às 21h do primeiro dia de Lua Cheia.

Banho para aumentar sua autoestima

A pessoa que não se ama dificilmente será bem-sucedida e feliz. Gostar de si mesmo faz bem à espiritualidade. Combate o desamor íntimo!

- 1 jarra de vidro
- 1 champanhe
- Pétalas de 3 rosas cor de salmão
- 14 gotas de essência de baunilha
- 14 gotas de perfume doce
- 1 colher (sopa) de chocolate em pó

Misture os ingredientes na jarra. Deixe a mistura descansar por doze horas.

Após esse tempo, banhe-se do pescoço para baixo e durma com o banho.

Dica: faça numa sexta-feira de Lua Cheia.

Banho para o bebê crescer dócil e obediente

Sejamos sinceros: ninguém suporta criança irritada e mal-educada. Esse comportamento inconveniente prejudica até a vida social dos pais.

- 2 litros de água
- 2 colheres (sopa) de mel
- Alianças dos pais

Misture os ingredientes e deixe-os de molho por duas horas. Durante o primeiro mês de vida do bebê, banhe-o com esta poção após o banho higiênico.

Atenção: os banhos com o líquido especial devem ser às 10h ou às 20h durante o ciclo de Lua Nova.

Banho para conquistar coisas boas

Seja um ímã de positividade! Atraia tudo aquilo que deseja e merece para ser ainda mais feliz!

- 2 litros de água morna
- 3 pétalas de palma branca
- 3 pétalas de rosa branca
- 3 colheres (sopa) de mel
- 3 colheres (sopa) de açúcar mascavo

Misture tudo, macerando bem as pétalas das flores. Em seguida, coe.

Banhe-se do pescoço para baixo. Vista uma roupa de cores branca e azul e vá dormir.

Dica: faça às 22h de um sábado de Lua Nova.

Banho para criança agitada

Meninos e meninas devem ser dinâmicos, mas quando a agitação é demais tumultua a casa e até o ambiente escolar.

- 10 folhas de boldo
- 5 folhas de melissa
- 2 litros de água

Prepare um chá com as ervas. Deixe amornar. Despeje o líquido na criança após o banho tradicional, inclusive na cabeça. Faça ela dormir sem se enxugar.

Dica: faça às sextas-feiras de Lua Cheia.

Banho para diminuir a ansiedade

Compromissos, obrigações, metas, expectativas... A tensão faz parte da nossa rotina. Esse volume de estresse abala a saúde física, mental e espiritual. Relaxe!

- 2 litros de água mineral
- 6 folhas de boldo
- 6 folhas de eucalipto

Aqueça a água (não deixe ferver) e macere os ingredientes. Espere baixar a temperatura e banhe-se do pescoço para baixo. Não enxágue e enxugue-se levemente.

Dica: faça às sextas-feiras de Lua Minguante, antes de ir dormir.

Banho para eliminar a depressão

Dados oficiais apontam a existência de 350 milhões de pessoas com depressão no mundo. É quase o dobro da população brasileira. Lutar contra essa doença é fundamental para se ter qualidade de vida e realizar a evolução espiritual.

- 1 vela branca
- 1 litro de água
- 10 folhas de louro

Acenda a vela branca. Macere bem as folhas de louro na água. Deixe tudo ao Sol das 11h às 13h. Coe.

Tome seu banho higiênico e, em seguida, banhe-se da cabeça para baixo. Espere secar naturalmente.

Dica: faça no primeiro dia de Lua Nova.

Banho para arrumar emprego

- 2 litros de água morna
- 1 galho de alecrim
- 1 galho de arruda
- 9 pétalas de uma rosa vermelha

Macere tudo muito bem na água. Em seguida, coe. Banhe-se do pescoço para baixo. Isso poderá ser feito à noite antes de deitar.

Dica: faça em uma terça-feira de Lua Cheia.

Banho para equilíbrio da aura

A aura é o campo energético com várias camadas. Envolve nosso corpo e pode variar de cor e tamanho de acordo com os sentimentos predominantes. Enxergada pelos sensitivos, a aura reflete nosso estado emocional e espiritual.

- 1 litro de água
- 9 rosas brancas
- 9 folhas de boldo
- 9 folhas de manjericão

Ferva a água e macere bem as folhas. Espere amornar e tome o banho do pescoço para baixo.

Deixa secar naturalmente no seu corpo.

Dica: faça às segundas-feiras de Lua Cheia.

Banho para espantar a tristeza

No dia a dia, não faltam motivos para ficarmos com baixo-astral. Conflitos familiares, problemas no trabalho, dinheiro curto, vida amorosa insatisfatória... Porém, não podemos fraquejar. Ficar triste é desperdiçar o prazer de viver.

- 1 colher (sopa) de anis-estrelado
- 3 paus de canela
- 2 litros de água

Quando a água começar a ferver, acrescente o anis-estrelado e a canela. Deixe por dois minutos. Desligue o fogo e aguarde a temperatura baixar. Use esse líquido para se enxaguar após o banho higiênico.

Enxugue-se com delicadeza. Não use roupas nas cores marrom, preto ou vermelho.

Dica: faça no primeiro dia de Lua Minguante.

Banho para fortificar os cabelos

A queda de cabelo aterroriza homens e mulheres. Aprenda uma receita para dar mais força aos fios.

- Casca de um pepino
- 3 folhas de hortelã
- 1 colher (sopa) de aveia

Misture todos os ingredientes. Em seguida, passe em todo o couro cabeludo. Deixe agir por uma hora e depois enxágue normalmente.

Dica: faça no primeiro dia de Lua Crescente.

Banho para livrar-se de energias negativas

O mal está sempre rondando, à espera de uma oportunidade para atacar. Essa força nociva nos assedia a ponto de afetar nosso bem-estar. Cuide-se!

- 2 litros de água morna
- Pétalas de 2 rosas amarelas
- 1 galho de arruda
- 1 galho de guiné
- 1 colher (sopa) de mirra

Misture tudo muito bem. Em seguida, coe. Após o banho higiênico, banhe-se do pescoço para baixo. Durma com o banho.

Dica: faça às 22h de uma sexta-feira de Lua Cheia.

Banho para melhorar a autoestima

Sentir-se bem é o primeiro passo rumo à felicidade. Se você não tem amor-próprio, jamais conseguirá aproveitar o melhor da vida.

- 2 litros de água morna
- 3 galhos de hortelã
- 7 galhos de manjericão
- 2 colheres (sopa) de sal grosso

Misture os ingredientes. Macere as ervas na água. Depois de terminar o banho habitual, despeje essa poção do pescoço para baixo. Seque levemente a pele e vá dormir.

Dica: faça às 21h do primeiro dia de Lua Cheia.

Banho para não passar mal durante uma viagem

Às vésperas de uma viagem sempre ficamos apreensivos. Pode ser o medo de algum imprevisto ou de um acidente. Livre-se desse sentimento negativo para curtir intensamente o passeio.

- 2 litros de água morna
- 9 folhas de guiné
- 1 colher (sopa) de arnica
- 1 moeda de qualquer valor
- 1 esparadrapo

No dia anterior à viagem, misture bem as ervas na água. Às 9h ou 21h, banhe-se do pescoço para baixo. Deixe secar naturalmente e dá dormir.

No dia seguinte (data da partida), antes de sair de casa, fixe a moeda no umbigo usando duas tiras de esparadrapo formando o desenho da cruz. Só retire quando chegar ao seu destino.

Banho para quem está com a saúde debilitada

A fragilidade física afeta o emocional e o espiritual. Uma simples gripe pode destruir nossa resistência. Não se entregue, reaja!

- 1 litro de leite de cabra
- 5 galhos de levante

Ferva o leite. Desligue o fogo e macere o levante. Tampe e espere amornar.

Ao tomar o banho higiênico, use esse preparo no último enxague. Não enxugue, durma com a pele umedecida pelo líquido.

Dica: faça às terças e quintas de Lua Nova.

Banho para quem tem pânico

Viver com medo é deixar de viver. Ficamos tão preocupados com o que poderá acontecer que perdemos a capacidade de aproveitar os pequenos prazeres da existência. Liberte-se dessa "vampirização".

- 1 punhado de erva-doce
- 1 punhado de camomila
- 1 punhado de erva-cidreira
- 1 colher (sopa) de açúcar
- 2 litros de água

Macere as ervas na água com o açúcar. Ferva tudo por cinco minutos. Deixe amornar, coe e banhe-se do pescoço para baixo. Durma com o banho.

Dica: faça em uma sexta-feira de Lua Cheia.

Banho para se sentir renovado

Está se sentindo esgotado, sem forças para nada? Calma, tem solução. Este preparo vai revitalizar seu corpo e as energias que o envolvem.

- 1 litro de água mineral
- 1 punhado de camomila
- 1 punhado de lavanda
- 1 punhado de manjericão roxo
- 1 punhado de alecrim
- Pétalas de uma rosa branca

Ferva tudo por cinco minutos. Coe e banhe-se do pescoço para baixo antes de dormir.

Dica: faça em uma sexta-feira de Lua Nova.

Banho para se sentir seguro

A pessoa destemida enfrenta os desafios da vida com mais chance de vencê-los. Precisamos ter segurança emocional e espiritual para batalhar por aquilo que queremos. Lembre-se: você pode, você merece, basta trabalhar para conquistar.

- 2 litros de água
- 1 espada-de-são-jorge com raiz
- 7 galhos de arruda
- 1 prego

Deixe tudo na água por 21 dias. Depois, banhe-se do pescoço para baixo após seu banho higiênico.

Não enxágue nem enxugue. Deixe secar naturalmente.

Dica: inicie o ritual no ciclo de Lua Minguante.

Banho para transmutar dores físicas

Às vezes é um tal de "Ai, ai, ai... Dói aqui, dói ali...". O físico enfraquecido desestrutura o espírito. Reaja para se livrar desse desconforto no corpo e na alma.

- 2 litros de água
- 9 galhos de boldo
- Cascas de uma maçã verde
- 3 galhos de salsinha

Ferva tudo por três minutos. Coe. Tome o banho do pescoço para baixo. Não se enxugue.

Dica: faça no primeiro dia de Lua Minguante.

Banho para transmutar tristeza e depressão

Sabe aquele dia no qual você só quer ficar deitado, no escuro e em silêncio? Não caia nessa! Seja mais forte do que sentimentos como melancolia e desamor. Lute e vença a si mesmo!

- 1 litro de água de arroz (sem sal)
- 3 colheres (sopa) de arnica
- 3 galhos de manjericão
- 3 galhos de hortelã
- 3 galhos de guiné

Macere bem as ervas na água. Coe. Tome o banho do pescoço para baixo. Use roupa branca para dormir.

Dica: faça no primeiro dia de Lua Minguante.

Banho para trazer a energia da alegria

Ninguém precisa se comportar como um bobo alegre 24 horas por dia. Mas é imprescindível ter o que os franceses chamam de *joie de vivre*, ou seja, alegria de viver. Quando estamos em estado de felicidade, tudo fica mais leve e prazeroso.

- 2 litros de água
- 3 galhos de alecrim
- 3 paus de canela
- 1 pedra amazonita

Ferva a água, desligue e acrescente os ingredientes, inclusive a pedra. Tampe e espere até a temperatura baixar um pouco.

Depois do banho convencional, jogue o líquido energizado do pescoço para baixo. Guarde a pedra dentro do seu travesseiro. Os demais itens devem ser descartados no lixo.

Atenção: durante o ritual, projete pensamentos positivos, cante, ria, atraia boas energias.

Dica: faça em uma sexta-feira de Lua Crescente.

Banho para ter muitos amigos

"Não há solidão mais triste do que a do homem sem amizades. A falta de amigos faz com que o mundo pareça um deserto", escreveu o britânico Francis Bacon. Nossos amigos do coração facilitam a passagem na Terra. Cultive as boas amizades como quem cuida de um jardim com flores raras.

- 1 maço de salsinha
- 1 talo de salsão
- 1 galho de coentro
- 2 litros de água morna

Macere todos os ingredientes na água, orando um Pai-Nosso. Após seu banho habitual, despeje esse líquido em seu corpo, orando o Salmo 119.

Não enxágue, deixe secar naturalmente. Em seguida, prepare um jantar especial para seus amigos.

Inclua salsinha, salsão e coentro nos pratos a serem servidos.

Dica: tome o banho às 21h do primeiro dia de Lua Crescente.

Banho para tirar feitiço

Feitiço é um processo de evocar forças do mundo oculto para irradiar energias maléficas à pessoa visada. Há o feitiço verbal e mental.

Feitiço verbal: as palavras têm poder! A maledicência, a calúnia, a intriga, a praga e a maldição ganham força quando verbalizadas e chegam até o alvo pretendido.

Feitiço mental: o pensamento é o elemento fundamental dessa prática maléfica, pois não existem palavras sem pensamentos. Quando fala, o homem mobiliza energia mental sobre o sistema nervoso para, então, pronunciar a palavra expressando suas ideias. O feitiço mental geralmente nasce do desejo de vingança, da frustração, da inveja, do ciúme e da ausência de amor-próprio.

- 2 litros de água
- 1 punhado de arruda
- 1 punhado de pinhão-roxo
- Pétalas de uma rosa vermelha

Macere tudo na água. Não coe. Após seu banho higiênico, derrame esse preparo do pescoço para baixo. Não enxágue e durma com a pele ainda úmida.

Dica: faça às 23h de uma segunda-feira de Lua Minguante.

Banho pró-saúde

A maioria de nós só valoriza a saúde quando a perde. Não espere isso acontecer para buscar forças espirituais a fim de reconstituir sua energia física. Previna-se.

- 2 litros de água
- 7 cravos brancos
- 7 rosas brancas
- 7 anises-estrelados
- 7 cravos-da-índia

Ferva tudo por três minutos. Coe. Jogue do pescoço para baixo. Não enxágue. Durma sentindo a ação do banho no corpo.

Dica: faça numa segunda-feira de Lua Nova.

Ritual para se livrar de um envultamento

Envultamento é a magia negativa direcionada a uma pessoa durante nove dias seguidos. O efeito devasta a aura. Os cabelos caem, os pés incham, o dinheiro desaparece, perde-se tudo. Está entre as piores energias do universo.

- 9 facas
- Bíblia
- Roupa branca

Durante nove dias seguidos, coloque em volta de sua cama as nove facas com as pontas voltadas para fora como se fossem raios de Sol.

Quando for dormir, vista roupa branca e ore em voz alta, com muita fé, o Salmo 66.

Conselho: mesmo quem não é vítima de envultamento pode realizar esse ritual uma vez por ano. Afinal, todos absorvemos energias nocivas enviadas a nós das mais diversas maneiras. Livrar-se delas faz a vida decolar.

Elixir para tensão emocional

- 1 copo de água mineral
- 1 punhado de erva-doce
- 1 colher (sopa) de mel
- 1 galho de manjericão
- 1 pedra de ágata branca

Coloque todos os ingredientes dentro do copo, deixe agir por duas horas, coe e beba a água. Guarde a ágata em seu travesseiro.

Sentimentos prejudiciais como angústia, mágoa e tristeza serão expulsos da sua vida.

Ritual "enterro de São Lázaro" para espírito rebelde

Responda sinceramente: se você morresse neste instante, aceitaria ir embora sem antes se despedir dos parentes e amigos e rever os lugares de que gosta?

Pois 80% dos espíritos desencarnados permanecem na Terra. Recusam-se a evoluir em outros planos e acabam aterrorizando a vida de quem permanece vivo.

Este ritual ajuda a encaminhar essas almas confusas para que encontrem paz e permitam uma existência tranquila a quem ainda tem uma missão a cumprir neste planeta.

- 1 vela 7 cores
- Copo de água
- Água do mar
- 2 lençóis brancos
- 500 gramas de pipoca estourada (sem sal)
- 2 espadas-de-são-jorge
- 6 galhos de alecrim

Em um domingo, acenda uma vela 7 cores para os anjos do seu lar. Coloque um copo de água ao lado direito da vela. Troque-o todos os dias, sempre orando um Pai-Nosso.

Faça um círculo de água do mar em cada cômodo da casa (inclusive nos banheiros).

Estenda um lençol branco no estrado da cama. Em cima, espalhe 500 gramas de pipoca estourada (sem sal). Sobre os grãos, coloque outro lençol branco. Em cima do segundo lençol, coloque duas espadas-de-são-jorge em cruz, na altura da cabeça. Posicione seis galhos de alecrim na altura dos pés (três em cada pé).

Durma por nove noites em cima disso.

No décimo dia, recolha tudo, coloque em um saco de lixo preto e enterre no mínimo a um quilômetro de distância de sua casa, orando o Pai-Nosso.

Encomende dezesseis missas para o ente querido desencarnado e atormentado.

Dica: inicie o ritual numa segunda-feira.

Exorcismo de São Lázaro

Magia negra! Vodu! Feitiço! Sim, o mal existe e pode atacar você. Este ritual o livra de energias que podem ser letais.

- 1 copo de azeite de dendê
- 3 copos de pipoca estourada (sem sal)
- 3 folhas de mamona
- 3 galhos de guiné

Bata o azeite e a pipoca no liquidificador até virar uma pasta. Junte a mamona e a guiné para usá-los como bucha. Molhe-as na pasta e passe no corpo.

Atenção: comece pelas solas dos pés e suba até o pescoço. Passe inclusive nas partes íntimas. Deixe agir por três minutos e enxágue.

Dica: faça numa segunda-feira de Lua Minguante.

Escalda-pés para eliminar o azar

Toc, toc, toc. Só bater na madeira não funciona. As forças negativas são tão poderosas que precisamos de um ritual para neutralizá-las.

- 2 litros de água
- 1 bacia
- 3 colheres (sopa) de sal grosso
- 2 pedaços de carvão triturados

Coloque os ingredientes na bacia. Deixe seus pés de molho por 21 minutos. Em seguida, enxágue bem e seque-os.

Dica: faça às 23h do primeiro dia de Lua Minguante.

Exorcismo tibetano

Este ritual secular expulsa qualquer magia negra encomendada contra você.

- 2 litros de água
- 1 pedra de carvão
- 1 pedaço de esparadrapo
- 1 colher (sopa) de pó de café
- 1 colher (sopa) de mirra
- 1 colher (sopa) de arnica
- 1 colher (sopa) de cânfora
- 1 colher (sopa) de iodo
- 1 colher (sopa) de eucalipto

Feche o plexo solar (umbigo) com esparadrapo. Ao começar a preparar o banho, tenha em sua mão direita um terço e ore o Pai-Nosso.

Misture os ingredientes e ferva por três minutos. Jogue tudo do joelho e do cotovelo para baixo e deixe agir por três minutos no corpo.

Enxágue e enxugue com um pano branco. Depois, queime esse pano com álcool e querosene.

As cinzas devem ser jogadas em um ralo da casa. Para o ambiente com magia, passar em todos os rodapés.

Ore sessenta dias seguidos o Salmo 66 em voz alta. Faça o exorcismo três vezes no corpo e uma vez no rodapé do local.

Dica: faça em Lua Minguante, às quintas-feiras ou sábados, entre 6h e 18h.

Feijão cigano contra energias malignas

A comida alimenta o corpo e também a alma. Alguns alimentos são ricamente abençoados e interferem na espiritualidade. Esta receita fortalece a resistência contra as forças do mal.

- 2 xícaras de feijão
- 1 cebola pequena ralada
- 3 folhas de louro (para visões e boa sorte)
- ½ colher (café) de noz-moscada (atrai prosperidade)
- ½ colher (café) de gengibre ralado (para proteção)
- 2 dentes de alho cortados em pequenas fatias
- 1 pau de canela (estimulante sexual e atrai fortuna)
- Sal a gosto
- Salsinha
- Água mineral para cozinhar

Coloque em um caldeirão de ferro o feijão, a água e o sal. Cozinhe (use apenas colher de pau).

Em uma frigideira, junte todos os outros ingredientes e refogue com um fio de óleo.

Junte o refogado ao feijão e mexa em sentido horário. Sirva-se e peça aos deuses o poder de afastar negatividade e melhorar sua vida.

Dica: faça uma vez em todo ciclo de Lua Minguante.

Limpeza de todos os males

Cada pessoa é uma espécie de esponja: absorve energias boas e ruins. Por isso, de tempos em tempos, precisa se purificar da carga negativa acumulada para viver com leveza e prosperidade.

- 1 copo de arroz cru
- 2 litros de água
- 10 galhos de manjericão
- 1 liquidificador
- 1 semente de orobô
- 1 semente de obi
- 1 ralador

Macere um copo de arroz cru em dois litros de água. Coe e separe a água. Acrescente o manjericão e bata no liquidificador por alguns minutos. Coe novamente.

Rale as sementes e adicione-as nessa mistura. Deixe quinze minutos de molho. Depois, banhe toda a família do pescoço para baixo, inclusive você. Caso não encontre a semente de obi, use apenas a de orobô.

Dica: faça em uma segunda-feira de Lua Minguante.

Magia para atrair boa sorte

A casa é um elemento vivo: também sofre influência do bem e do mal. Precisa ser cuidada e purificada.

- Papel branco
- Lápis

Desenhe estrelas de seis pontas e pendure uma em cada cômodo de sua casa. As estrelas devem ficar bem visíveis e ao alcance de uma brisa. Mantenha os desenhos espalhados por sete dias seguidos. Haverá a transmutação das energias do lar.

Dica: faça em uma sexta-feira de Lua Cheia.

Milagre de Cosme e Damião

Médicos humanitários que atendiam sem cobrar, os gêmeos Cosme e Damião trazem paz, saúde e prosperidade a quem os evoca.

- 3 cocadas brancas
- 3 copinhos de guaraná
- 9 balas

Em um domingo, deixe na natureza as cocadas brancas, os copinhos de guaraná e as balas.

Em seguida, ore nove vezes o Pai-Nosso, agradecendo a Cosme, Damião e Doum. Peça seu milagre.

Plasma da saúde

Ninguém está imune às doenças do corpo e da alma. Às vezes várias pessoas da família adoecem ao mesmo tempo. É hora de agir para evocar a cura.

- 7 fatias de pão
- 1 copo de vinho tinto
- 3 colheres (sopa) de mel
- 1 prato branco
- 1 vela 7 cores

Espalhe as fatias de pão no prato. Sobre cada uma escreva o nome das pessoas adoentadas. Cubra com vinho tinto e mel. Acenda a vela à direita do prato. Coloque um copo de água do lado direito da vela.

Troque-o todos os dias, orando um Pai-Nosso. Quando a vela apagar, jogue tudo na natureza.

Dica: faça em uma quarta-feira.

Poção mágica para atrair a atenção das pessoas

Quer bater a meta de vendas? Deseja fazer uma apresentação de sucesso? Precisa comandar uma equipe? Esta receita expande sua luz interior para transformá-lo em um líder respeitado e admirado.

- 2 paus de canela
- 3 cravos-da-índia
- 3 colheres (sopa) de gengibre descascado e picado
- 100 gramas de açúcar
- 150 ml de água

Coloque todos os ingredientes em um caldeirão e leve ao fogo. Dissolva e engrosse o açúcar (cuide para não queimar). Após esfriar, coe e coloque em um recipiente com tampa.

Todas as vezes que precisar atrair a atenção de alguém, tome uma colherada dessa poção mágica e mentalize o local onde necessita ser bem-sucedido e as pessoas que lá estarão.

Dica: faça no primeiro dia de Lua Cheia.

Poção para a mãe benzer seus filhos

A relação entre mãe e filho é sagrada. Toda mulher possui o poder de abençoar seus descendentes para curá-los e livrá-los do mal.

- 1 copo (de vidro) com água mineral
- 1 colher (café) de sal grosso
- 1 colher (café) de mel
- 1 colher (café) de azeite de oliva
- 1 galho de alecrim

Misture todos os ingredientes. Molhe um galho de alecrim no líquido e respingue em seus filhos nove vezes em forma de cruz, na frente e nas costas, orando a Ave-Maria.

Dica: faça no primeiro dia de Lua Nova.

Poção para aumentar a concentração

A sodalita é famosa pelo poder de equilibrar os chacras e realizar a limpeza energética. Por isso a pedra é tão usada por quem deseja ter foco em atividades físicas e de raciocínio.

- 1 pedra sodalita
- Camomila
- Mel

Lave a pedra. Faça um chá de camomila, coe e adoce com mel. Coloque a pedra no líquido. Espere amornar.

Respire três vezes profundamente e beba o chá. Após consumir tudo, lave a pedra em água corrente, dizendo: "Em você agora me concentro, e suas forças só terão um objetivo: minha concentração; estou concentrado".

Coloque a sodalita em cima de algo relacionado à sua necessidade de concentração. Por exemplo: apostilas, livros etc.

Deixe a pedra sempre no mesmo local e repita o ritual uma vez por semana.

Dica: faça no primeiro dia de Lua Cheia.

Poção violeta para purificar a aura

A aura é a energia em movimento que se expande no contorno do corpo, refletindo sentimentos, sensações e virtudes. Emitimos ondas eletromagnéticas positivas ou negativas.

Nossa aura está em constante mutação. Você fica resfriado à toa? Tem tremores e transpiração excessiva nas mãos? Cai facilmente? Está sempre desanimado ou estressado?

Se as respostas foram "sim", você pode ter "furos" em sua aura. Ela precisa ser purificada para reequilibrar as energias e deixá-lo novamente no eixo.

- ½ litro de água
- 7 gotas de essência de rosa
- Pétalas de 7 rosas brancas
- 1 ametista
- 1 colher (sopa) de corante lilás
- 1 vela lilás

Acenda a vela. Em seguida, prepare a poção: coloque todos os ingredientes num recipiente. Deixe descansar por seis horas.

Antes de dormir, banhe-se do pescoço para baixo com o líquido. Não enxágue. Guarde a ametista em seu quarto.

Dica: faça em uma sexta-feira de Lua Nova.

Soro para anemia espiritual

A anemia espiritual nos deixa fracos, sonolentos e sem disposição para nada. A reposição de energia é extremamente necessária para evitar uma situação mais grave, como o ataque de encostos.

- 3 galhos de agrião
- 3 colheres (sopa) de mel
- 1 copo de suco de laranja

Bata tudo no liquidificador. Em seguida, coe e beba o soro.

Dica: faça em uma quarta-feira de Lua Crescente.

Simpatia para boa convivência com a sogra

A inimizade entre sogra e nora é bastante comum. Os atritos geram desarmonia na família. Recorra às forças espirituais para estabelecer a paz com a mãe de seu namorado, noivo ou marido.

- 3 rosas amarelas
- 1 foto da sogra
- 1 imagem de Nossa Senhora Aparecida

Coloque as flores nos pés da imagem. Em frente, a foto da sogra.

Peça à Nossa Senhora que sua sogra seja doce e carinhosa.

Mantenha sempre as rosas vivas, trocando as flores quando necessário.

Dica: faça em uma sexta-feira de Lua Cheia.

Simpatia para coceira no corpo

De repente, você sente uma comichão se espalhar por sua pele. E haja unha para coçar! Aprenda uma solução para esse desconforto.

- 1 punhado de bardanas (planta encontrada facilmente em casas de ervas)
- 2 litros de água mineral

Ferva a água e, em seguida, macere a bardana. Espere a água amornar, coe e use o líquido no enxágue de seu banho higiênico.

Não se enxugue. Repita por três dias.

Dica: faça no primeiro dia de Lua Minguante.

Simpatia para combater queda de cabelo

Perder os cabelos é um medo democrático: aflige homens e mulheres de todas as etnias, classes sociais e idades.

Os cabelos são uma espécie de moldura do rosto, por isso têm tanta importância no visual.

Esta receita ajuda a afastar o fantasma da calvície.

- Fios de cabelo
- 1 litro de água
- 1 fôrma ou recipiente

Durante sete dias, recolha todos os fios de cabelo que caírem de sua cabeça. No oitavo dia (tem de ser na Lua Cheia), vá até uma árvore frondosa, faça uma pequena perfuração no tronco e coloque ali os fios de cabelo recolhidos.

Despeje a água na sua cabeça, mas recolha o excesso que escorrer.

Jogue esse líquido no buraco na árvore e deixe escorrer até a terra.

Saia do lugar e, se precisar, repita a simpatia na próxima Lua Cheia.

Simpatia para criança estudar melhor

Filho com problema de aprendizagem tira o sossego dos pais. E a própria criança fica estressada e perde o entusiasmo pelo estudo. Mudar essa situação é fundamental para tranquilizar a família.

- 1 pires
- 1 vela branca

Pegue o livro da matéria na qual seu filho (ou filha) esteja com dificuldade de aprender. Acenda sobre ele (a) a vela previamente fixada no pires.

Durante alguns minutos, deseje com toda força que a criança absorva os ensinamentos. Apague a chama e enterre a vela em um belo jardim.

Dica: faça ao meio-dia do primeiro dia de Lua Nova.

Simpatia para criança se alimentar melhor

Poucas situações irritam tanto os pais quanto ver o filho não querer a comida servida no prato. Fica a sensação de que a criança ficará desnutrida e terá o desenvolvimento prejudicado. Há como reverter esse desalento.

- Restos de alimentos do prato da criança
- 1 prato branco
- Açúcar

Por três dias consecutivos, junte a comida rejeitada pela criança e guarde na geladeira.

No terceiro dia, coloque tudo em um prato branco, salpique açúcar, leve a um jardim e ofereça a Cosme e Damião.

Com fé, peça que os gêmeos médicos ajudem seu filho a comer mais e com satisfação.

Dica: faça em uma sexta-feira de Lua Crescente.

Simpatia para curar terçol

De repente, aparece um pequeno furúnculo avermelhado na borda da pálpebra. Vem acompanhado de dor e desconforto.

O terçol é provocado pela inflamação de glândulas localizadas perto dos cílios. Não é grave, mas quanto antes você se curar melhor.

- 1 aliança de ouro de mulher casada

Pegue a aliança, esfregue-a até ficar quente e passe nove vezes no terçol, delicadamente.

Dica: faça às 21h de uma segunda-feira de Lua Minguante.

Simpatia para curar um vício

A dependência de qualquer coisa tira a liberdade, a qualidade de vida e o prazer da existência. A pessoa se torna refém de uma vontade que, em menor ou maior grau, prejudica a saúde e a espiritualidade. É o seu caso ou de alguém querido? Aja para cortar esse comportamento nocivo.

- 1 bife de fígado
- 1 folha de bananeira
- 1 vidro de azeite de dendê
- 1 litro de pinga
- 1 prato branco
- 7 cópias com o nome da pessoa (escrever a lápis)

Enrole o bife com o nome da pessoa. Em seguida, coloque no prato, nesta ordem: a folha de bananeira, o bife enrolado, o azeite de dendê e a pinga. Deixe tudo em uma esquina.

Dica: faça no primeiro dia de Lua Minguante.

Simpatia para cortar dependências

Álcool, drogas, sexo, comida... Há inúmeros tipos de vício, todos altamente prejudiciais à saúde física, emocional e espiritual. Livrar-se deles é essencial para avançar na evolução pessoal durante a passagem na Terra.

- 1 coco verde
- 1 pedaço de papel branco cortado em forma de cruz com o nome da pessoa viciada
- 1 vela

Coloque o papel com o nome da pessoa dentro do coco por um pequeno buraquinho previamente aberto na casca.

Atenção: mantenha a água no fruto.

Em seguida, acenda a vela e use a parafina derretida para tampar essa pequena abertura.

Enterre o coco embaixo de um coqueiro e diga: "Ofereço estas orações para o anjo da guarda de (nome da pessoa viciada) para que o/a ajude a deixar o vício de (mencionar qual vício). Amém".

Reze três Pais-Nossos e três Aves-Marias.

Dica: faça em uma segunda-feira de Lua Minguante.

Simpatia para descobrir segredos do ser amado

Quem não gostaria de ter uma bola de cristal para ver tudo o que deseja sobre a pessoa amada? Sabia que você tem poder para isso? Sim, está na sua mente!

- 1 chinelo
- 1 ramo de alecrim

Coloque o chinelo virado embaixo da cama de seu amor e, em cima do solado, um raminho de alecrim.

Depois, é só você vigiar seu sono durante a noite, pois serão revelados alguns segredinhos.

Tomara que não descubra algo desagradável!

Dica: faça no primeiro dia de Lua Nova.

Simpatia para eliminar bronquite ou asma

Problemas respiratórios atingem milhões de brasileiros. Você conhece alguém que sofre desse mal? Esta receita combate os efeitos da doença.

- 1 coco de casca marrom
- Mel

Tire a água do coco. Encha o coco com mel. Enterre-o no lado sul de um terreno. Deixe-o lá por oito dias.

No nono dia, desenterre o coco e dê uma colher (sopa) do mel para o doente.

Alerta: ele não pode saber que se trata de uma simpatia. A revelação corta a magia.

Jogue o que sobrou em um rio.

Dica: faça às 9h ou às 21h de uma quarta-feira de Lua Nova.

Simpatia para esquecer um passado desagradável

Sabe aquele ditado popular "meu passado me condena"? Tem aquele outro: "ninguém vive de passado". Pois é, recordações insistentes podem tirar a paz e provocar sentimentos negativos como vergonha, culpa, remorso. Liberte-se dessas sombras!

- Papel branco
- Lápis

Na folha, escreva tudo o que você precisa esquecer. Leia e releia 21 vezes.

Em seguida, de costas, jogue o papel ao mar e peça que as ondas levem embora essas lembranças que fizeram mal à sua evolução.

Dica: faça às 9h ou às 21h do primeiro dia de Lua Minguante.

Simpatia para firmar amizade

Confiança requer tempo. Uma grande amizade é construída tijolo por tijolo. Mas você pode acelerar esse processo para estabelecer um laço forte com uma pessoa.

- 1 cálice de licor
- 1 cálice de rum
- 1 cálice de vinho branco
- Papel branco
- Lápis

Misture as bebidas. Escreva o nome da pessoa de quem quer ser melhor amigo e mergulhe o papel no líquido alcoólico.

Deixe de molho por 21 dias. Ao final desse período, jogue o "coquetel" e o papel em água corrente.

Dica: faça às 23h no primeiro dia de Lua Cheia.

Simpatia para jovens terem força mental

A juventude é conhecida pela "cuca fresca", interpretada como falta de comprometimento com objetivos. Jovens cuidam pouco da espiritualidade e do desenvolvimento de seu poder mental. Este ritual pode despertar neles uma nova consciência.

- 1 folha de palmeira
- 2 laranjas
- 2 maçãs vermelhas
- 2 peras brancas
- 1 abacaxi
- 1 melão
- Papel
- Lápis

Coloque a folha de palmeira em um jardim florido e sobre ela as frutas.

Em seguida, anote o nome do (a) jovem em um papel e coloque-o em cima.

Dica: faça às 9h de uma sexta-feira de Lua Nova.

Simpatia para limpeza espiritual

Esta receita é para uso pessoal e aplicação na residência. Não adianta o morador estar com a aura "limpa" em uma casa contaminada por energias ruins. É imprescindível existir harmonia espiritual.

- 3 galhos de alecrim
- 3 galhos de sálvia
- 3 gotas de essência de benjoim
- 2 litros de água

Ferva a água. Desligue o fogo. Acrescente os ingredientes e macere bem. Tampe e espere por três horas.

Divida o líquido em duas partes. Use a primeira para limpar a casa, com um pano branco.

Após purificar o ambiente, tome seu banho habitual e, no enxágue final, jogue o preparo do pescoço para baixo. Enxugue-se levemente.

Dica: faça no primeiro dia de Lua Nova.

Simpatia para livrar-se de vizinha faladeira

Você certamente já foi vítima de uma língua venenosa... Há sempre uma vizinha (ou vizinho, já que os homens também adoram fofocar) de olho na sua vida. Corte o mal pela raiz antes de ser alvo de difamação.

- Papel vermelho
- 1 lápis
- 1 tesoura

Desenhe no papel uma língua bem comprida. Recorte e escreva nela, nove vezes a lápis, o nome da pessoa futriqueira.

Enterre em um jardim ou matagal distante da sua casa.

Dica: faça no primeiro dia de Lua Minguante.

Simpatia para livrar-se de uma pessoa chata

Sabe aquele tipo cri-cri, cujo prazer é azucrinar os outros? É uma presença desagradável capaz de apagar a chama de alegria do ambiente. Aprenda a expulsar esse ser nebuloso de sua vida.

- 1 prato fundo branco
- Lápis
- Papel branco
- Canela em pó
- 3 velas brancas

Escreva a lápis o nome do indivíduo e coloque o papel no prato. Cubra com a canela.

Acenda as velas para as Almas Benditas. Ore três vezes o Pai-Nosso.

Após o fim da queima, jogue tudo no lixo. Guarde o prato.

Dica: faça às 9h ou às 21h de uma segunda-feira de Lua Minguante.

Simpatia para melhorar a relação com seu patrão

Chefe perseguidor ou excessivamente rigoroso provoca tensão desnecessária. Oprimido, o funcionário pode até desenvolver depressão. Não permita que isso aconteça com você.

- 1 pedaço de papel branco
- 1 lápis

Escreva o nome completo do patrão no papel. Dobre quatro vezes.

Coloque dentro de seu sapato (direito), exatamente na altura do calcanhar, onde você pisa.

Vá trabalhar com pensamento positivo de que a relação entre vocês irá melhorar.

Dica: faça no primeiro dia de Lua Nova.

Simpatia para obter um milagre em sua vida

Uma graça alcançada pode transformar a trajetória de uma pessoa. Tudo parece perdido para você? Acalme-se! É justamente neste momento que um canal amplo pode se abrir, permitindo maior comunicação com o Divino e a realização de um milagre.

- 1 ovo
- 60 cravinhos-da-índia
- 2 folhas de louro
- 3 pétalas de rosa branca
- Mel
- Azeite de oliva
- Papel
- Lápis

Fure o ovo e esvazie-o. Coloque dentro os cravinhos-da-índia, o louro e as pétalas da flor.

Cubra com o mel e o azeite. Encontre um lugar na natureza para deixar o ovo. Embaixo dele, coloque seu pedido escrito a lápis.

Dica: faça no quarto dia de Lua Nova.

Simpatia para os cabelos crescerem mais

Implante? *Mega hair?* Calma! Há outra maneira de ter uma cabeleira farta e bonita.

- 3 tomates bem maduros
- Sabão de coco

Esfregue os tomates com as sementes no couro cabeludo. Deixe essa mistura agir por uma hora.

Em seguida, lave os cabelos com o sabão de coco. Faça esse procedimento uma vez por semana.

Dica: faça às 9h no primeiro dia de Lua Crescente.

Simpatia para parar de beber

O alcoolismo afeta a sociabilidade, os relacionamentos, o desempenho sexual... Enfim, a vida piora muito sob o efeito do excesso de bebida. A pessoa vira refém do vício e pode até ter a existência abreviada.

- 1 maracujá
- Pinga
- Papel
- Lápis

Abra a fruta e descarte a metade das sementes (jogue no lixo).

Escreva o nome da pessoa que bebe e coloque o papel dentro do maracujá. Acrescente um pouco da bebida.

Feche a fruta e deixe em uma estrada bem movimentada.

Dica: faça em uma segunda-feira de Lua Minguante, em qualquer horário.

Simpatia para fazer parar de chover

A maioria das pessoas prefere céu claro com Sol radiante. A chuva costuma provocar irritação, desânimo e até melancolia. É o seu caso? Então, use seu poder pessoal para melhorar o tempo ao seu redor.

- 1 pote de sal fino
- 1 colher (sopa) de bicarbonato
- 1 gema de ovo

Misture todos os ingredientes. Vá até a janela de sua casa, vire de costas e jogue tudo.

Não olhe para trás durante trinta segundos. Mentalize a chuva parando.

Simpatia para perder a barriga

Aquela gordurinha localizada no abdome incomoda, não é? Prejudica o caimento da roupa, interfere na autoestima e até provoca desconforto na hora do sexo. Livre-se da pança que não lhe pertence!

- Alecrim
- Boldo
- Água

Faça um chá com as ervas. Tome em jejum durante quinze dias.

Diariamente, bata com a barriga na parede da cozinha três vezes, às 9h e às 21h.

Dica: inicie o ritual no primeiro dia de Lua Minguante.

Simpatia para perder o medo da noite

Basta o céu começar a escurecer para algumas pessoas se sentirem extremamente inseguras. Esse pavor sem explicação atrapalha a vida social e a qualidade de vida em geral. É o seu caso? Acabe com esse drama!

- 1 pires branco
- 1 pedra de carvão
- 42 cravinhos-da-índia
- 1 colher (sopa) de bicarbonato

Coloque no pires a pedra de carvão, os cravinhos-da-índia e o bicarbonato. Em seguida, deixe o pires embaixo da cama, na altura do travesseiro.

Dica: faça às 21h do primeiro dia de Lua Minguante.

Simpatia para que apareçam bons negócios

É empreendedor? Precisa alavancar sua empresa? Realize este ritual com fé e convicção no seu merecimento de sucesso.

- 1 xícara de mel
- 1 ímã
- 16 sementes de romã

Coloque o ímã e as sementes dentro da xícara de mel. Deixe três dias ao sereno. No quarto dia, retire a peça e use em sua carteira, como amuleto.

Jogue o resto do conteúdo em água corrente.

Dica: faça às 21h no primeiro dia de Lua Nova.

Simpatia para quem se sente perseguido

Tem sempre alguém atrapalhando seu caminho? Aja para desbloquear o canal energético que o ligará ao sucesso. Não se permita viver com medo.

- 36 grãos de milho
- Terra virgem
- 1 vaso grande

Leve o vaso para o seu quintal e deixe-o em um canto ao ar livre por um ano, sem removê-lo dali.

Encha-o com terra virgem, plante os 36 grãos de milho e decrete: "Aqui enterro todas as pessoas que me perseguem e querem me prejudicar com suas intrigas".

Após os doze meses, deixe o vaso numa mata.

Dica: faça no primeiro dia de Lua Minguante.

Simpatia para restabelecer a energia vital

Às vezes você sente um esgotamento inexplicável? Sua energia pode estar sendo sugada por pessoas perigosas. Recupere seu vigor e proteja a espiritualidade.

- 1 quilo de cenoura
- 1 quilo de beterraba
- 1 litro de mel

Bata os ingredientes no liquidificador e tome uma colher (sopa) por semana. Todas as pessoas de sua casa devem também consumir esse suco. Assim, estarão protegidas da ação dos "vampiros" do dia a dia.

Dica: faça no primeiro dia de Lua Nova.

Simpatia para ter amigos verdadeiros

Os amigos são a família que a gente escolhe. Então, seja seletivo ao definir quem vai conviver com você. Saiba espantar interesseiros e traiçoeiros.

- 1 perfume doce
- Mel
- Lápis
- Papel azul-claro

Escreva a lápis no papel o nome de seus amigos. Pingue dez gotas de uma fragrância adocicada e, em seguida, dez gotas de mel.

Dobre o papel em oito partes e deixe-o em uma gaveta da casa.

Dica: faça no primeiro dia de Lua Cheia.

Simpatia para ter autocontrole emocional

Uma pessoa impulsiva, que dá chilique, é malvista na sociedade e atrai negatividade. Corrija o descontrole das emoções para viver melhor consigo mesmo e com os outros.

- Papel
- Lápis
- 1 vela laranja
- 1 vaso de planta

Escreva a lápis seu pedido no papel. Coloque-o embaixo da vela laranja. Acenda o pavio em nome do Arcanjo Miguel.

Ore nove vezes o Salmo 91, o Pai-Nosso e o Glória ao Pai. Depois que a vela queimar totalmente, dobre o papel e enterre-o em um vaso de planta.

Dica: faça às 9h de uma quinta-feira de Lua Nova.

Simpatia para ter um lar sadio

A casa é o seu santuário. Você precisa cuidar da energia do local. Ambientes "doentes" afetam os moradores.

- 1 papelão branco
- Lápis
- 2 colheres (sopa) de alpiste
- 2 colheres (sopa) de alecrim picado
- 2 colheres (sopa) de mel

Recorte o papelão em formato de coração. Escreva a lápis uma oração.

Registre também o nome de todos os moradores da casa. Cubra com o alpiste, o alecrim e o mel.

Deixe durante uma semana em um local arejado da residência. No oitavo dia, jogue no lixo.

Dica: faça às 9h de uma segunda-feira de Lua Cheia.

Simpatia para tirar o desânimo físico

Sem vontade de nada? Desalento completo? Falta entusiasmo até para o sexo? Não, não e não! Reaja! A vida não pode ser vivida superficialmente.

- 2 litros de água mineral
- 1 colher (sopa) de sal grosso
- Pétalas de uma rosa branca

Macere tudo na água. Após o banho higiênico, jogue tudo do pescoço para baixo. Não enxágue nem enxugue, durma com o preparo na pele.

O sal grosso tirará todo o mal-estar e a rosa branca vai energizar seu corpo astral.

Dica: faça no primeiro dia de Lua Minguante.

Simpatia para trazer alegria

Encha o seu coração e os espaços de sua casa com energia revitalizadora. A vida é uma festa, não há espaço para tristeza e estagnação.

- 1 mexerica ponkan
- 1 copo de guaraná
- 1 fatia de bolo

Em um domingo, logo ao acordar, prepare sua mesa com o que costuma comer e beber habitualmente e coloque num canto os três itens indicados.

Descasque a fruta e sinta o aroma ácido tomar conta do ambiente.

Após terminar a refeição, deixe o refrigerante e o bolo em um jardim e os ofereça aos elementos da natureza.

Simpatia para unir a família

Brigas, rusgas, afastamentos... Todo clã sofre os efeitos colaterais da convivência intensa. Este ritual ajuda a restaurar a unidade entre os parentes e, assim, encher a casa de harmonia.

- Arroz "papa"
- Prato branco fundo
- 4 colheres (sopa) de mel
- Pétalas de uma rosa branca
- Papel branco
- Lápis

Prepare o arroz empapado. Escreva o nome de todos os membros da família no papel. Coloque esse papel no centro do prato.

Despeje o arroz e cubra com mel. Por cima, coloque as pétalas da flor. Deixe tudo em um jardim bem florido.

Dica: faça às 21h de uma quarta-feira de Lua Cheia.

Simpatia para vender uma casa ou terreno

Crise imobiliária? Supere as dificuldades do mercado e feche um excelente negócio!

- 1 caixa de papelão
- 1 fita verde
- 1 fita vermelha
- Terra de seu terreno ou casa

Pegue três mãos cheias da terra de seu terreno ou do jardim da casa. Em seguida, coloque essa terra dentro da caixa de papelão.

Embrulhe a caixa com as fitas. Deixe a caixa na porta de uma igreja.

Dica: faça às 21h de uma segunda-feira de Lua Crescente.

Simpatia para voltar a falar com um amigo

Amizade rompida provoca tristeza e mágoa, dois sentimentos que fazem mal ao coração e à alma. Aprenda como resolver essa situação.

- Papel vermelho
- 1 lápis
- 1 copo
- Água
- Açúcar cristal

Escreva a lápis no papel o nome da pessoa que não fala mais com você. Dobre-o ao meio e deixe no copo com água e açúcar durante nove dias.

Peça aos anjos, nove dias seguidos, para voltar a falar com a pessoa (pronuncie o nome dela).

Atenção: no décimo dia, tire o papel e deixe-o em um jardim florido.

Dica: faça no primeiro dia de Lua Crescente.

PROSPERIDADE FINANCEIRA

Você merece ter muito dinheiro!
"Dinheiro não traz felicidade", diz o ditado
popular. Ok, mas ele viabiliza
muitos momentos felizes.
Tente contabilizar quantas horas de vida você
já gastou pensando em como pagar contas e
economizar para realizar seus projetos?
Se tivesse uma vida financeira melhor,
teria ocupado esse tempo
com atividades prazerosas.
Esqueça a "pindaíba" do passado e projete um
futuro próspero, sem dívidas e com grana para
morar bem, comer tudo o que tiver vontade,
fazer compras, viajar, formar um bom patrimônio
e deixar boa herança a seus descendentes.
Além disso, o dinheiro garante o cuidado
adequado da saúde e aquela sensação imensurável
ao se colocar a cabeça no travesseiro
e pensar: "Posso dormir tranquilo,
o dia de amanhã está garantido".
Chega da fase de vacas magras.
Você merece usufruir a prosperidade.
Mas não a espere sentado. Vá atrás dela.
A riqueza está ao seu alcance.
Basta querer realmente conquistá-la.

Água de dinheiro

Saiba como atrair muitas notas e moedas para o seu lar!

- 1 litro de água
- 9 paus de canela
- 9 folhas de louro
- 1 colher (sopa) de essência de madeira do Oriente
- 1 vela verde
- Pano limpo

Acenda a vela verde. Em seguida, misture os ingredientes à água.

Deixe descansar por doze horas ao lado da vela. Após esse tempo, use o pano para passar o líquido em todas as portas de sua casa (nos dois lados).

Dica: faça no terceiro dia de Lua Cheia.

Banho abre-caminhos

Sua energia pessoal será um ímã para o dinheiro.

- 14 folhas de louro
- 7 cravos-da-índia
- ½ noz-moscada
- 7 paus de canela
- 1 colher (sopa) de erva-doce
- 3 anises-estrelados
- 3 litros de água

Ferva a água, acrescente todos os ingredientes, tampe, desligue o fogo e deixe em repouso por quatro horas. Divida o líquido para três banhos. Na hora do banho, coloque uma parte no balde e complete com água do chuveiro.

Use no enxágue de seu banho higiênico. Durma sem se enxugar. Repita nos dois dias seguintes.

Dica: inicie o ritual numa sexta-feira de Lua Crescente.

Bolo do Sol para trazer prosperidade e alegria

Uma receita que fará bem ao seu estômago e também ao bolso!

- 15 espigas de milho verde
- 1 coco
- 2 copos de água quente
- 1 colher (sopa) de amido de milho
- 1 e ½ xícara de açúcar
- 1 pitada de sal
- 1 colher (sopa) de margarina para untar a fôrma

Rale o coco, retire o leite e reserve. Rale as espigas de milho.

Junte o coco, o milho, o açúcar, a água, a pitada de sal e o amido de milho. Misture tudo muito bem.

Coloque para assar em fôrma untada com manteiga. Quando estiver pré-assado, espalhe o leite de coco e volte a assar até ficar dourado.

Deixar esfriar e saboreie.

Dica: faça no primeiro dia de Lua Cheia.

Banho energético para abertura financeira

Vai iniciar um empreendimento ou começar em emprego novo? Garanta boas energias para ganhar bastante dinheiro.

- 2 litros de água
- 1 galho de manjericão
- 1 galho de arruda
- Cascas de alho (aquela bem fininha)

Macere tudo na água e leve ao fogo até ficar morno. Coe e banhe-se do pescoço para baixo. Durma sem se enxugar.

Dica: faça no primeiro dia de Lua Nova.

Banho para atrair dinheiro em sua vida

Este ritual vai abrir totalmente os seus caminhos financeiros.

- 2 litros de água mineral
- 1 colher (sopa) de sal grosso
- 3 folhas de louro
- 2 paus de canela
- 1 galho de alecrim

Macere tudo muito bem junto à água. Após seu banho higiênico, banhe-se do pescoço para baixo.

Atenção: você deve tomar este banho pela manhã e continuar com ele no corpo o dia todo.

Dica: faça no primeiro dia de Lua Cheia.

Banho energético para prosperidade financeira

Você merece ter sucesso com o dinheiro. Dê uma "mãozinha" ao Universo para ser bem-sucedido.

- 2 litros de água
- 36 cravinhos-da-índia
- 1 pedaço de canela
- 1 colherinha de noz-moscada

Ferva tudo por sete minutos. Espere amornar. Banhe-se do pescoço para baixo após o banho higiênico. Durma com o banho.

Dica: faça em uma quarta-feira de Lua Crescente.

Banho para abrir clarão profissional 1

Aja para conseguir bons resultados na carreira e retorno financeiro de sua dedicação ao trabalho.

- Chá de alecrim
- Chá de guiné
- Chá de coentro
- Água morna

Você precisará de três dias consecutivos para realizar todos os banhos.

No primeiro dia, prepare o chá de alecrim. Banhe-se do pescoço para baixo e durma com o banho.

No segundo dia, faça o chá de guiné. Banhe-se também do pescoço para baixo e vá se deitar sem se enxugar.

No terceiro dia, usa o chá de coentro para repetir o ritual.

Dica: inicie a série de banhos em uma quarta-feira de Lua Nova. Nos três dias, ore o Salmo 90 em voz alta.

Banho para abrir clarão profissional 2

Desate todos os nós para que sua carreira decole e você seja devidamente recompensado com um bom rendimento.

- 2 litros de água morna
- 1 espada-de-são-jorge com raiz, cortada em 7 pedaços

Macere muito bem na água os pedaços da planta. Em seguida, coe e banhe-se do pescoço para baixo após o banho convencional.

Não enxágue nem enxugue; deixe agir seis horas no corpo.

Dica: faça em uma terça-feira de Lua Cheia.

Banho para atrair clarão financeiro

O ser humano é pura energia! Potencialize a sua para que o dinheiro se faça presente na sua vida.

- 2 litros de água
- 3 colheres (sopa) de açúcar mascavo
- 3 colheres (sopa) de pó de café
- 3 colheres (sopa) de milho cru
- 3 folhas de louro

Ferva todos os ingredientes na água por três minutos. Após seu banho higiênico, despeje a poção do pescoço para baixo. Deixe secar naturalmente.

Dica: faça em uma sexta-feira de Lua Cheia, às 9h ou às 21h.

Banho especial para ter prosperidade

Vida financeira estagnada gera desânimo e impossibilita os pequenos prazeres materiais da vida. Mude essa situação.

- 1 litro de água mineral
- 1 galho de alecrim
- 1 colher (café) de açúcar mascavo
- 1 colher (café) de mel
- 3 paus de canela

Deixe tudo em imersão (de molho) durante trinta horas.

Posteriormente, coe e devolva os ingredientes à natureza. Após seu banho higiênico, banhe-se do pescoço para baixo com o líquido energizado.

Dica: faça em uma quarta-feira de Lua Cheia.

Banho para atrair a sorte

Você certamente conhece alguém que é um ímã para dinheiro. A pessoa não precisa fazer esforço para atrair riqueza. Seja assim também!

- 1 punhado de milho
- 1 colher (sopa) de café
- 1 colher (sopa) de açúcar mascavo
- 1 litro de água mineral

Aqueça a água, coloque todos os ingredientes, aguarde alguns minutos e desligue o fogo.

Use esse preparo no enxágue de seu banho diário.

Atenção: não se enxugue, durma sentindo o aroma na pele.

Dica: faça no primeiro dia de Lua Cheia.

Banho para o sucesso profissional

O ritual tem duas etapas: expulsão das energias negativas e fortalecimento da espiritualidade para atrair prosperidade.

- 2 litros de água morna
- 1 colher (sopa) de sal grosso
- Camomila
- Arruda
- Guiné

Primeiro, adicione o sal grosso à água aquecida. Banhe-se do pescoço para baixo. Isso fará uma limpeza energética em você.

Na sequência, prepare o chá com a camomila, a arruda e a guiné. Espere amornar.

Jogue o líquido do pescoço para baixo. Durma com o banho.

Dica: faça em uma segunda-feira de Lua Crescente.

Banho para aumentar seu salário

A sua produtividade merece ser reconhecida com melhores ganhos. Só elogios não pagam contas. Movimente-se para prosperar.

- 1 litro de água
- 7 folhas de hortelã
- 7 folhas de louro
- 7 gotas de sândalo

Deixe os ingredientes de molho diretamente sob o Sol das 10h às 15h. Macere bem. Coe. Jogue do pescoço para baixo.

Dica: faça no primeiro dia de Lua Cheia.

Banho energético para emprego

Um bom trabalho é aquele que gera prazer e reconhecimento financeiro. Consiga o seu!

- 2 litros de água
- 4 lírios amarelos
- 4 palmas brancas
- 1 vela branca

Coloque as pétalas das flores na água previamente aquecida. Macere bem. Coe. Tome banho do pescoço para baixo.

Durma com o banho no corpo. Acenda a vela com um copo de água do lado direito. Troque-o todos os dias, orando um Pai-Nosso.

Dica: faça todas as quartas-feiras.

Banho para conseguir emprego 1

Não espere sentado por uma boa oportunidade. Atraia uma colocação especial no mercado de trabalho.

- 2 litros de água
- 1 punhado de poejo
- 1 punhado de alecrim
- 1 colher (sopa) de alpiste

Prepare um chá com as ervas. Deixe descansar por duas horas. Em seguida, coe. Banhe-se do pescoço para baixo. Deixe secar naturalmente.

Dica: faça em uma terça-feira de Lua Nova.

Banho para conseguir emprego 2

Ao realizar este ritual, mentalize que você vai conseguir um trabalho digno e bem-remunerado.

- 1 maço de coentro (não pode ser salsinha, procure pelo coentro)
- 2 litros de água

Macere o coentro e coloque-o na água já fervida. Tampe e espere a temperatura ficar morna.

Depois do banho habitual, jogue o líquido do pescoço para baixo. Não enxágue nem enxugue.

Devolva à natureza o que restar do coentro.

Dica: faça no primeiro dia de Lua Nova.

Banho para conseguir emprego 3

Há uma vaga perfeita de trabalho para você em algum lugar. Acione seu poder para atraí-la!

- 1 litro de água
- 3 colheres (sopa) de azeite de oliva
- 3 colheres (sopa) de azeite de amêndoa
- 3 galhos de alecrim
- 3 galhos de arruda
- 1 galho de guiné

Misture todos os ingredientes na água. Macere bem essa poção em seus pés por dez minutos, como se fosse um escalda-pés.

Seque seus pés sem enxaguá-los.

Dica: faça em uma segunda-feira de Lua Cheia, às 9h ou às 21h.

Banho para conseguir emprego 4

Sim, existe uma oportunidade de trabalho que vai mudar a sua vida. Abra seus caminhos para encontrá-la.

- Folhas de alecrim
- Folhas de eucalipto
- Folhas de guiné
- 2 litros de água morna

Macere bem as folhas das ervas na água. Em seguida, coe e banhe-se do pescoço para baixo. Durma com o banho.

Dica: faça em uma quinta-feira de Lua Cheia.

Banho para desempregados 1

Não consegue uma recolocação? Reforce sua espiritualidade para despolarizar qualquer energia que esteja impedindo o sucesso.

- 2 litros de água morna
- 1 galho de alecrim
- 8 folhas de guiné
- 1 pedacinho de gengibre

Macere tudo na água morna, coe e banhe-se do pescoço para baixo. Durma com o banho.

Dica: faça em uma quinta-feira de Lua Nova.

Banho para desempregados 2

Saia da fila das pessoas desiludidas e entre para o clube dos bem-sucedidos.

- 2 litros de água morna
- 3 galhos de hortelã
- Casca de uma cebola
- Casca de uma laranja

Macere tudo nos dois litros de água. Em seguida, coe. Na sequência, banhe-se do pescoço para baixo. Deixe secar naturalmente.

Dica: faça em uma segunda-feira de Lua Nova.

Banho para aumento de salário

Se você é um funcionário produtivo merece ganhar proporcionalmente ao bom resultado de seu trabalho.

- Água
- Quebra-pedra
- Erva-doce
- Camomila
- 1 colher (sopa) de açúcar mascavo

Prepare um chá com os ingredientes. Ferva tudo por cinco minutos. Deixe amornar.

Banhe-se do pescoço para baixo. Durma com o banho.

Dica: faça em um domingo de Lua Nova.

Encantamento para conseguir aumento salarial

Ganhar mais possibilita uma melhor qualidade de vida. Você e sua família merecem!

- 1 colher (sopa) de fermento em pó
- 1 prato branco
- 1 papel branco e lápis
- ½ copo de água
- 1 colher (sopa) de arnica

Espalhe o fermento no prato. Em cima dele, coloque o papel no qual escreveu a lápis o salário desejado.

Acrescente a água e a arnica. Deixe ao sereno e diga para si mesmo, com convicção: "Assim como este fermento faz crescer o pão, também fará crescer o meu salário".

No dia seguinte, guarde esse preparo. Só o jogue fora após receber a notícia do aumento.

Dica: faça no primeiro dia de Lua Cheia.

Encantando seu currículo

Há várias fórmulas para fazer o "currículo infalível". Mas você pode facilitar a conquista de um emprego de outra maneira: evocando as forças da natureza.

- 1 pedra de quartzo branco
- 1 vela verde
- 1 copo de água mineral
- 1 copo de leite
- 1 copo de arroz branco cru
- 1 copo de milho
- 1 copo de feijão-branco cru

Vá para um lugar tranquilo. Use os grãos para fazer um círculo e entre nele.

No centro, acenda a vela verde, coloque o seu currículo, o copo de leite e o copo de água com o quartzo branco.

Ore e peça aos gnomos para que todos que lerem seu currículo se encantem por você.

Assim que a vela apagar, despeje na terra a água e o leite. Junte o arroz, o milho, o feijão e a pedra e os deixe aos pés de uma árvore frondosa, sem espinhos.

Dica: faça em uma segunda-feira de Lua Cheia.

Gargarejo para crescer na vida

Todo amanhecer abre novos canais para a prosperidade. Renove suas energias assim que levantar da cama e tenha fé na sua capacidade de evolução.

- ½ copo de água
- 1 galho de alecrim
- 3 folhas de guiné
- 1 colher (sopa) de mel

Durante sete dias, ao acordar, faça um gargarejo com todos os ingredientes bem misturados na água.

Atenção: realize o ritual antes mesmo de escovar os dentes.

Dica: faça às 6h da manhã no primeiro dia de Lua Crescente.

Limpeza para trazer prosperidade ao comércio

Energias renovadas ajudam a atrair bons negócios e lucro alto.

- 2 litros de água mineral
- 3 colheres (sopa) de açúcar mascavo
- 3 galhos de abre-caminho
- Folhas de 3 girassóis

Amorne a água, coloque todos os ingredientes macerando as ervas. Espere por três horas. Em seguida, divida o líquido em duas partes e as utilize da seguinte forma:

1. Limpe seu comércio.

2. Use no enxágue final de seu banho; não enxugue, durma com o preparo.

Dica: faça no primeiro dia de Lua Cheia.

Magia da prosperidade
(Santa Sara Kali)

Padroeira dos ciganos, Santa Sara é associada à fartura.

- 7 pedaços de ímã
- 7 folhas de louro
- 7 moedas douradas
- 7 paus de canela
- 7 cravos-da-índia
- 1 noz-moscada ralada
- 1 vela de 7 dias amarela
- 1 colher (sopa) de fermento em pó
- 1 pires branco
- 1 papel sulfite (branco)

Escreva em um papel o seu nome de batismo e a data de nascimento ou nome do comércio/empresa.

Coloque o papel no pires e a vela em cima. Em volta, disponha o louro, a canela, os cravos e a noz-moscada, colocando uma moeda e um ímã sobre cada folha. Jogue bastante fermento em cima.

Acenda a vela e peça a Santa Sara Kali para afastá-lo de todas as perturbações físicas e espirituais, pedindo que lhe traga movimento financeiro em sua vida, sorte e prosperidade.

Faça a oração de Santa Sara Kali e refaça todos os pedidos em voz alta.

Coloque os ingredientes em um local alto de sua casa e deixe-os por sessenta dias. Depois, deposite os ingredientes num jardim próximo ao banco onde você tem conta.

ORAÇÃO À SANTA SARA KALI

Farol do meu caminho! Facho de Luz!
Paz! Manto Protetor! Suave conforto. Amor!
Hino de Alegria! Abertura dos meus
caminhos! Harmonia! Livra-me dos cortes.
Afasta-me das perdas. Dá-me a sorte!
(Faça seu pedido). Faz da minha vida um hino
de alegria, e aos seus pés me coloco, minha
Sara, minha Virgem Cigana. Toma-me como
oferenda e me faz de flor profana o mais puro
lírio que orna e traz bons presságios à tenda.
Salve! Salve! Salve!

Dica: faça no primeiro dia de Lua Cheia.

Magia para acumular fortuna

Quanto mais dinheiro você tiver, mais protegido estará. Afinal, boa condição financeira proporciona uma vida mais segura e tranquila.

- 8 moedas
- 1 prato
- 1 vela verde

Acenda a vela no centro do prato. Ao redor, coloque as moedas, ore nove vezes o Pai-Nosso e peça aos gnomos elementais da terra que tragam muito dinheiro para sua vida.

Deixe a vela queimar até o fim. Em seguida, pegue as moedas e coloque-as no bolso. Depois, procure uma árvore bem bonita, coloque aos pés dessa árvore as mesmas moedas, em sentido horário, orando e agradecendo ao Arcanjo Uriel antecipadamente por sua fortuna na terra aumentar oito vezes, no mínimo.

Saia do local sem olhar para trás. Seu dinheiro crescerá muito!

Dica: faça em uma segunda-feira de Lua Cheia.

Magia para prosperidade financeira

Todo ser humano é um mago. Use o seu poder interior para ter uma vida bem-sucedida.

- Farinha de mandioca
- 1 ovo cru
- 3 folhas de louro
- 16 cravinhos-da-índia
- 1 prato branco
- Mel
- Sal

Faça uma farofa com a farinha de mandioca, o sal e o mel, sem levar ao fogo.

Acrescente o ovo cru, as folhas de louro e os cravinhos-da-índia. Misture tudo muito bem.

Em seguida, coloque essa mistura no prato branco. Deixe tudo isso em um jardim florido.

Dica: faça em uma segunda-feira de Lua Cheia, às 21h.

Oferenda para abertura de caminhos (sorte nos negócios)

Quem é dono do próprio negócio, ou sonha ser patrão de si mesmo, precisa de muita ajuda espiritual para alcançar o sucesso.

- 1 travessa branca
- 7 doces brancos
- 7 maçãs vermelhas
- 7 ímãs
- 7 moedas correntes

Coloque tudo na travessa branca. Deixe o recipiente em uma mata aberta e agradeça aos Guardiões da Floresta.

Dica: faça em uma segunda-feira de Lua Cheia, ao meio-dia.

Oferenda para ter muito dinheiro 1

Comunique-se com os Guardiões do Planeta para ser contemplado com a prosperidade. Ter dinheiro é uma dádiva!

- 1 travessa branca
- 1 quilo de milho torrado
- 7 batatas assadas com casca
- 7 pimentas dedo-de-moça
- 7 chuchus cozidos

Coloque tudo na travessa branca. Deixe em uma mata aberta agradecendo aos Guardiões do Planeta.

Dica: faça em uma segunda-feira de Lua Cheia ao meio-dia.

Oferenda para ter muito dinheiro 2

Dinheiro proporciona saúde, educação, lazer... Não tenha pudor em solicitar altos ganhos para sua vida.

- 1 mamão papaia
- Mel
- 10 moedas correntes

Corte a fruta ao meio. Retire todas as sementes. Em seguida, encha as duas partes de mel. Coloque cinco moedas correntes em cada metade do mamão.

Deixe tudo em um jardim bem florido, orando oito vezes a Ave-Maria. Peça muito dinheiro para sua vida.

Dica: faça em uma sexta-feira de Lua Cheia.

Oferenda para ter sorte em concursos e provas

Uma das maneiras de ter uma vida financeira estável é o emprego público. Por isso, tantas pessoas tentam ser aprovadas em concursos. É o seu caso? Então, conte com a ajuda da espiritualidade.

- 6 bananas-da-terra
- Mel
- Bandeja

Abra as bananas ao meio. Encha-as com mel. Em seguida, coloque-as na bandeja, formando um círculo.

Cubra as frutas com mais mel. Na sequência, deixe a bandeja em cima de uma pedra grande na natureza e ore doze vezes o Pai-Nosso em agradecimento ao Universo.

Dica: faça no primeiro dia de Lua Nova.

Patuá da prosperidade

Um amuleto é capaz de aumentar a autoconfiança e, consequentemente, ampliar a chance de sucesso. Acredite na sua capacidade e no seu merecimento.

- 1 saquinho de tecido amarelo
- 9 folhas de louro

Coloque as folhas de louro dentro do saquinho amarelo. Costure a boca e coloque-o pendurado atrás da porta principal da casa. Troque as folhas de louro a cada ano.

Dica: faça no primeiro dia de Lua Nova.

Patuá para ter muito lucro

Tem um negócio próprio ou investimento? Este ritual vai gerar melhores resultados.

- 1 romã
- 1 caqui
- 1 ovo cozido com casca
- 1 saquinho branco

Junte tudo no saquinho. Pendure em cima da porta de entrada da casa. Deixe lá por três meses.

Após esse período, deixe o saquinho na natureza e repita a simpatia.

Dica: faça ao meio-dia de um sábado de Lua Cheia.

Patuá para ter sorte em apostas

Gosta de fazer aquela "fezinha"? Sonha ganhar um prêmio milionário para realizar todos os seus sonhos? Ok, então acredite no poder da sorte.

- 1 ferradura pequena
- 36 grãos de milho
- 1 galho de alecrim
- 1 figa pequena
- 1 saquinho branco de tecido

Junte no saquinho todos os ingredientes. Deixe-o três dias ao luar. Pronto! Coloque-o sob o seu travesseiro.

Dica: faça no primeiro dia de Lua Cheia de cada mês.

Patuá para ter um bom trabalho

Um emprego que pague bem, ofereça um ambiente agradável, impulsione seus conhecimentos e possibilite seu crescimento profissional. É isso o que você quer, merece e terá.

- 1 saquinho branco
- 9 folhas de louro
- 9 sementes de melancia
- 9 sementes de romã

No dia 9 de qualquer mês, faça nove vezes a oração do Credo e nove vezes o Pai-Nosso, em intenção ao Arcanjo Miguel.

Enquanto ora, pegue o saquinho branco e guarde os itens indicados.

Dica: carregue o patuá com você na bolsa ou na carteira.

Patuá para vender o carro

Este ritual vai agilizar a negociação do seu veículo – e por um ótimo valor!

- 3 folhas de hortelã
- 3 galhos de guiné
- 3 folhas de erva-cidreira
- Cópia da chave do carro
- 1 lenço branco

Pegue o lenço branco. Em seguida, coloque no centro a cópia da chave do carro, as folhas de hortelã, os galhos de guiné e as folhas de cidreira.

Dê seis nós fazendo uma trouxinha. Coloque dentro do porta-luvas do carro e aguarde bons resultados.

Dica: faça às 9h ou às 21h de uma segunda-feira de Lua Cheia.

Pó da fartura

Esta magia vai dar a você o poder do "toque de Midas": espalhar a prosperidade por onde quiser!

- 1 pote branco
- 8 velas amarelas
- 1 colher (sopa) de fermento em pó
- 1 colher (sopa) de farinha de trigo
- 1 colher (sopa) de açúcar mascavo
- 1 colher (sopa) de alpiste
- Fósforo

Coloque todos os ingredientes no pote. Ao redor, acenda com fósforos as oito velas amarelas. Deixe tudo ali por oito horas.

Peça aos Deuses da fartura que coloquem naquele pó o encantamento deles e que ele seja abençoado.

Depois das oito horas, guarde o pó dentro de um vidro. Diariamente use em tudo o que você deseja enriquecer.

Dica: faça em um dia de Lua Cheia.

Ritual da maçã encantada
(realização de um desejo material)

A polêmica fruta do paraíso vai ajudá-lo a conquistar o seu sonho de consumo.

- 1 maçã vermelha com cabinho
- 89 cravinhos-da-índia
- 1 folha de papel crepom verde

Pegue uma maçã bem vermelha com cabinho. Espete nela os cravinhos-da-índia.

A cada espetada, faça um pedido: um carro novo, a esperada promoção, boas vendas no mês, enfim, o que você desejar financeiramente.

Embrulhe a fruta na folha de papel crepom verde e deixe-a aos pés de uma árvore frutífera.

Ofereça a maçã aos Deuses! Pronto! Seus pedidos serão atendidos!

Dica: faça em uma sexta-feira de Lua Cheia.

Simpatia para ter dinheiro o mês inteiro

Você recebe seu salário e... cadê o dinheiro? Acaba em poucos dias! Chega de passar aperto na maior parte do mês!

- 2 notas (de qualquer valor)
- Bíblia

Assim que você receber o pagamento, tire duas notas de qualquer valor e guarde-as dentro da Bíblia, na página do Salmo 23.

Deixe essas notas lá por 28 dias. Ore dezesseis vezes o Pai-Nosso diariamente.

No 29º dia, dê o dinheiro para uma instituição de caridade.

Ritual para assinar um contrato rapidamente

Bons negócios exigem agilidade. Não perca tempo com burocracia e distrações. Foco no sucesso!

- 10 folhas de louro
- 1 prato branco virgem
- Noz-moscada
- Azeite de oliva

Passe as folhas de louro levemente no fogo. Em seguida, coloque no prato branco virgem.

Regue com azeite de oliva e polvilhe a noz-moscada. Deixe descansar por dez dias.

No 11º dia, tire as folhas e jogue sobre um telhado.

Dica: faça no primeiro dia de Lua Nova.

Ritual para entrada de dinheiro em sua residência (simpatia da vassoura)

Se você chamar o dinheiro com fé, ele vem, com certeza!

- 1 vassoura
- 1 planta comigo-ninguém-pode

Todas as sextas-feiras do mês, varra a casa de dentro para fora.

Junte a poeira e jogue-a dentro de um vaso da planta comigo-ninguém-pode que deve ser mantido na sua casa.

Ritual para ganhar na Loto ou na Mega Sena

Jogue sempre com fé! E conte com o auxílio das forças invisíveis para se tornar rico.

- 1 prato branco
- 2 claras de ovo

Coloque o prato, com as claras de ovo dentro, aos pés de uma figueira. Peça ao Universo a revelação dos números da sorte.

Dica: faça em noite de Lua Cheia.

Ritual para pagar uma dívida rapidamente

Dúvidas tiram o sono e mexem com a energia da gente. Não permita que uma dívida enfraqueça sua espiritualidade.

- Papel branco
- Mel

Escreva todas as dívidas no papel. Passe mel na frente e no verso. Leve-o a um local onde haja um formigueiro.

Deixe-o ali e diga: "Assim como a Lua é minguante, minha dívida vai minguar quando as formigas acabarem com este papel".

Repita o ritual seis vezes.

Dica: faça em uma sexta-feira de Lua Minguante.

Ritual para que nunca falte dinheiro

A garantia de ter como pagar as contas e usufruir uma vida confortável faz toda a diferença. Chega de viver contando moedas.

- 1 rosa amarela
- 1 nota de qualquer valor

Pegue uma rosa amarela, tire as pétalas, enrole em uma nota de dinheiro de qualquer valor e guarde no armário da sua casa.

Repita esse procedimento durante três luas crescentes. Na quarta Lua, pegue o dinheiro e compre pão para toda a família.

Dica: faça chá com as pétalas. Coe. Tome um banho do pescoço para baixo.

Simpatia para acabar com as dificuldades financeiras

Deve aqui, deve ali, deve acolá... Carteira e bolso vazios, conta-corrente no vermelho, cobradores na porta... Mude essa situação!

- 3 velas brancas
- 1 copo com água
- 2 colheres (sopa) de mel

Acenda três velas brancas em três segundas-feiras seguidas para os Arcanjos Miguel, Rafael e Gabriel.

Deixe do lado direito das velas um copo com água e duas colheres de mel. O restante que sobrar das velas jogue em água corrente.

Dica: faça sempre às 10h ou às 22h.

Simpatia para ter sucesso na vida

Você merece ser um vitorioso. Não veio ao mundo para sofrer com problemas financeiros. Conquiste o que é seu por direito!

- 3 folhas de comigo-ninguém-pode
- 3 galhos de alecrim
- 3 galhos de arruda
- 1 vela amarela

Arrume as folhas e galhos em círculo. No meio, acenda a vela amarela.

Em seguida, ore seis vezes o Pai-Nosso, pedindo para que os Deuses do Planeta lhe tragam sucesso e fartura.

Por fim, enterre as plantas em um vaso com planta e cuide dele com carinho.

Dica: faça às 18h de uma sexta-feira de Lua Cheia.

Simpatia para tornar-se rico

Não é pecado querer riqueza. Desde que você a mereça. Quem trabalha duro merece ser recompensado. A prosperidade está demorando? Então ajude o dinheiro a chegar mais rápido até você.

- 9 moedas douradas de mesmo valor
- Saleiro
- Açucareiro

Arrume nove moedas douradas de mesmo valor. Coloque quatro delas dentro do saleiro.

Deixe as outras cinco moedas no açucareiro. Sempre reponha o sal e o açúcar para garantir dinheiro na mão o resto da vida.

Dica: faça no primeiro dia de Lua Cheia.

25 DICAS INFALÍVEIS

1. Conseguir um ótimo emprego: pegue uma maçã com cabinho, enfie dois pregos na horizontal dentro dela (de ambos os lados). Deixe a maçã em seu quarto até murchar. Após esse período, coloque-a na natureza.

2. Ter uma casa organizada: decore os ambientes com orquídeas.

3. Eliminar os invejosos de sua vida: sua mãe deverá orar uma Salve-Rainha todos os dias para você.

4. Deixar de comer tanto: pinte sua cozinha na cor verde.

5. Para uma criança falar rapidamente: dê banhos com chá de boldo, da cabeça aos pés, às segundas, quartas e sextas-feiras.

6. Aumentar a proteção espiritual: tenha um saquinho em seu corpo ou no bolso com um galhinho de alecrim e uma folha de guiné.

7. Estabelecer a harmonia doméstica: mantenha um lírio-da-paz na sala de sua casa.

8. Atrair bonança, prosperidade e alegria: nunca deixe faltar cinco tipos diferentes de frutas em sua fruteira.

9. Homem em busca de emprego: use gravata na cor verde nas entrevistas de emprego.

10. Mulher que deseja casar: vista-se com roupas na cor salmão.

11. Atrair o verdadeiro amor: todo dia 7 de cada mês, acenda uma vela branca para as Encantadas e peça por alguém especial.

12. Ter um companheiro para o resto da vida: coloque em um pratinho branco uma pera e uma maçã vermelha, regue-as com mel e deixe tudo isso ao luar, no primeiro dia da Lua Nova. No dia seguinte, deixe isso em um jardim bonito.

13. Limpar a energia da inveja em sua casa: faça uma faixa vermelha (na vertical) na entrada de sua casa, de 20 cm de largura, descendo do teto ao chão.

14. Comprar sua casa própria: vá à igreja de São José, uma vez a cada três meses, sempre em uma segunda-feira, e ore dez vezes o Pai-Nosso no altar dele.

15. Criança dormir bem: coloque o nome dela três vezes aos pés de uma laranjeira.

16. Para ter fartura e nunca faltar alimento: tenha sempre em casa um pote com um pouco dos seguintes grãos: milho, arroz, lentilha e grão-de-bico.

17. Ajudar pessoas doentes: espalhe vasos de crisântemos pela casa.

18. Alcançar a paz interior: use um anel com a pedra ametista.

19. Para que as pessoas de sua casa tenham equilíbrio físico, mental e espiritual: a Bíblia deverá estar aberta no Salmo 119 e a matriarca deve orar todos os dias em voz alta.

20. Encontrar um grande amor: ore o Salmo 111 às 21h15, Hora Universal do Amor.

21. Atrair muito dinheiro no seu lar: prepare um chá de canela e passe em todo o chão de sua casa em uma segunda-feira, de dentro para fora.

22. Melhorar o quadro de saúde de uma pessoa com depressão: pinte o quarto dela na cor lilás.

23. Alcançar um desejo: em uma terça-feira, acenda uma vela de 7 dias ao lado de um pratinho com lentilha ou feijão-preto. Deixe ali por uma semana. Depois desse período, jogue tudo num jardim florido.

24. Acabar com o mau humor: mastigue cravinhos-da-índia ao longo do dia, um por vez, até se sentir feliz.

25. Ficar animadíssimo para o sexo: prepare um banho de assento com dois litros de água e três lírios-brancos macerados.

**Acreditamos
nos livros**

Este livro foi composto em Adobe Garamond e Sofia
Pro Soft e impresso pela Gráfica Santa Marta para a
Editora Planeta do Brasil em outubro de 2022.